바로보인

전傳
등燈
록錄

16

농선 대원 역저

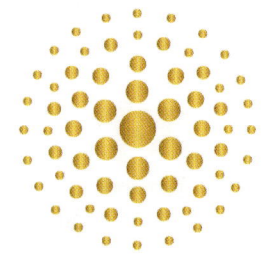

이 원상은 농선 대원 선사님께서 직접 그리신 것으로 모든 불성이 서로 상즉해 공존하는 원리를 담은 것이다.

선 심(禪心)

누리 삼킨 참나를
낙화(落花)로 자각(自覺)
떨어지는 물소리로 웃고 가는 길
돌에서 꽃에서도 님이 맞는다

 정맥 선원의 문젠 마크는 농선 대원 선사님께서 마음을 상징하는 달(moon)과 그 마음을 깨달아 마음이 내가 된 삶인 선(zen)을 평화의 상징인 비둘기로 형상화하신 것이다.

교조 석가모니 부처님과
부처님으로부터 직계로 내려온
불조정맥 78대 조사들의
진영과 전법게

 불조정맥

    불조정맥이란 석가모니 부처님으로부터 현 78대 조사에 이르기까지 스승에게 깨달음의 인증인 인가를 받아 법을 전하라는 부촉을 받은 전법선사의 맥이다. 여기에 실린 불조진영과 전법게는 농선 대원 선사님께서 다년간 수집 정리하여 기도와 관조 끝에 완성하여 수립하신 것이다. 각 선사의 진영과 함께 실린 전법게는 스승으로부터 직접 전해 받은 게송이다. 단, 석가모니 부처님 진영에 실린 게송은 석가모니 부처님의 게송이다.

교조 석가모니 부처님

환화라고 하는 것 근본 없어 생긴 적도 없어서	幻化無因亦無生
모두가 스스로 이러-해서 본다 함도 이러-하네	皆則自然見如是
모든 법도 스스로 화한 남, 아닌 것이 없어서	諸法無非自化生
환화라 하지만 남이 없어 두려워할 것도 없네	幻化無生無所畏

제1조　마하가섭 존자

법이라는 본래 법엔 법이랄 것 없으나	法本法無法
법이랄 것 없다는 법, 그 또한 법이라	無法法亦法
이제 법이랄 것 없음을 전해줌에	今付無法時
법이라는 법인들 그 어찌 법이랴	法法何曾法

제2조　아난다 존자

법이란 법 본래의 법이라	法法本來法
법도 없고 법 아님도 없으니	無法無非法
어떻게 온통인 법 가운데	何於一法中
법 있으며 법 아닌 것 있으랴	有法有非法

제3조　상나화수 존자

본래의 법 전함이 있다 하나	本來付有法
전한 말에 법이랄 것 없다 했네	付了言無法
각자가 스스로 깨달으라	各各須自悟
깨달으면 법 없음도 없다네	悟了無無法

제4조　우바국다 존자

법 아니고 마음도 아니어서	非法亦非心
맘이랄 것, 법이랄 것 없나니	無心亦無法
마음이다, 법이다 설할 때는	說是心法時
그 법은 마음법이 아니로다	是法非心法

제5조　제다가 존자

마음이란 스스로인 본래의 마음이니	心自本來心
본래의 마음에는 법 있는 것 아니로다	本心非有法
본래의 마음 있고 법이란 것 있다 하면	有法有本心
마음도 아니요 본래 법도 아니로다	非心非本法

제6조 미차가 존자

본래의 마음법을 통달하면	通達本心法
법도 없고, 법 아님도 없도다	無法無非法
깨달으면 깨닫기 전과 같아	悟了同未悟
마음이니, 법이니 할 것 없네	無心亦無法

제7조 바수밀 존자

맘이랄 것 없으면 얻음도 없어서	無心無可得
설함에 법이라 이름할 것도 없네	說得不名法
만약에 맘이라 하면 마음 아님 깨달으면	若了心非心
비로소 마음인 마음법 안다 하리	始解心心法

제8조 불타난제 존자

가없는 마음으로	心同虛空界
가없는 법 보이니	示等虛空法
가없음을 증득하면	證得虛空時
옳고 그른 법이 없다	無是無非法

제9조 복타밀다 존자

허공이 안팎 없듯	虛空無內外
마음법도 그러하다	心法亦如此
허공이치 요달하면	若了虛空故
진여이치 통달하네	是達眞如理

제10조 파율습박(협) 존자

진리란 본래에 이름할 수 없으나	眞理本無名
이름에 의하여 진리를 나타내니	因名顯眞理
받아 얻은 진실한 법이라고 하는 것	受得眞實法
진실도 아니요, 거짓도 아니로세	非眞亦非僞

제11조　부나야사 존자

참된 몸 스스로 이러-히 참다우니　　　　眞體自然眞
참됨을 설함으로 인해 진리란 것 있다 하나　因眞說有理
참답게 참된 법을 깨달아 얻으면　　　　　領得眞眞法
베풀 것도 없으며 그칠 것도 없다네　　　　無行亦無止

제12조　아나보리(마명) 존자

미혹과 깨침이란 숨음과 드러남 같다 하나　迷悟如隱顯
밝음과 어둠이 서로가 여읠 수 없는 걸세　明暗不相離
이제 숨음이 드러난 법 부촉한다지만　　　今付隱顯法
하나도 아니요, 둘도 또한 아니로세　　　　非一亦非二

제13조　가비마라 존자

숨었느니 드러났느니 하지만 본래의 법에는　隱顯卽本法
밝음과 어두움이 원래에 둘 아니라　　　　　明暗元不二
깨달아 마친 법을 전한다고 하지만　　　　　今付悟了法
취함도 아니요, 여읨도 아니로세　　　　　　非取亦非離

제14조　나가르주나(용수) 존자

숨을 수도, 드러날 수도 없는 법이라 함　　非隱非顯法
이것이 참다운 실제를 말함이니　　　　　　說是眞實際
숨음이 드러난 법 깨달았다 하나　　　　　　悟此隱顯法
어리석음도 아니요 지혜로움도 아니로다　　非愚亦非智

제15조　가나제바 존자

숨었느니 드러났느니 하면 법에 밝다 하랴　爲明隱顯法
밝게 해탈의 이치를 설하려면　　　　　　　方說解脫理
저 법에 증득한 바도 없는 마음이어야 하니　於法心不證
성낼 것도 없으며 기쁠 것도 없다네　　　　無嗔亦無喜

제16조   라후라타 존자

본래에 법을 전할 사람 대해 　本對傳法人
해탈의 진리를 설하나 　　　　爲說解脫理
법엔 실로 증득한 바 없어서 　於法實無證
마침도 비롯함도 없느니라 　　無終亦無始

제17조   승가난제 존자

법에는 진실로 증득한 바 없어서 於法實無證
취함도 없으며 여읨도 없느니라 不取亦不離
법에는 있다거나 없다는 상도 없거늘 法非有無相
안이니 밖이니 어떻게 일으키리 內外云何起

제18조   가야사다 존자

맘 바탕엔 본래에 남 없거늘 　心地本無生
바탕의 인, 연을 쫓아 일으키나 因地從緣起
연과 종자 서로가 방해 없어 　緣種不相妨
꽃과 열매 그 또한 그러하네 　華果亦復爾

제19조   구마라다 존자

마음의 바탕에 지닌 종자 있음에 有種有心地
인과 연이 능히 싹 나게 하지만 因緣能發萌
저 연에 서로가 걸림이 없어서 於緣不相礙
마땅히 난다 해도 남이 남 아니로세 當生生不生

제20조   사야다 존자

성품에는 본래에 남 없건만 　性上本無生
구하는 사람 대해 설할 뿐 　　爲對求人說
법에는 얻은 바 없거늘 　　　於法旣無得
어찌 깨닫고, 깨닫지 못함을 둘 것인가 何懷決不決

제21조 바수반두 존자

말 떨어지자마자 무생에 계합하면	言下合無生
저 법계와 성품이 함께 하리니	同於法界性
만일 능히 이와 같이 깨친다면	若能如是解
궁극의 이변 사변 통달하리	通達事理竟

제22조 마노라 존자

물거품과 환 같아 걸릴 것도 없거늘	泡幻同無礙
어찌하여 깨달아 마치지 못했다 하는가	如何不了悟
그 가운데 있는 법을 통달하면	達法在其中
지금도 아니요, 옛 또한 아니니라	非今亦非古

제23조 학륵나 존자

마음이 만 경계를 따라서 구르나	心隨萬境轉
구르는 곳마다 실로 능히 그윽함에	轉處實能幽
성품을 깨달아서 흐름을 따르면	隨流認得性
기쁠 것도 없으며 근심할 것도 없네	無喜亦無憂

제24조 사자보리 존자

마음의 성품을 깨달음에	認得心性時
사의할 수 없다고 말하나니	可說不思議
깨달아 마쳐서는 얻음 없어	了了無可得
깨달아선 깨달았다 할 것 없네	得時不說知

제25조 바사사다 존자

깨달음의 지혜를 바르게 설할 때에	正說知見時
깨달음의 지혜란 이 마음에 갖춘 바라	知見俱是心
지금의 마음이 곧 깨달음의 지혜요	當心卽知見
깨달음의 지혜가 곧 지금의 함일세	知見卽于今

제26조 　불여밀다 존자

성인이 말하는 지견은	聖人說知見
경계를 맞아서 시비 없네	當境無是非
나 이제 참성품 깨달음에	我今悟眞性
도랄 것도, 이치랄 것도 없네	無道亦無理

제27조 　반야다라 존자

맘 바탕에 참성품 갖췄으나	眞性心地藏
머리도, 꼬리도 없으니	無頭亦無尾
인연 응해 만물을 교화함을	應緣而化物
지혜라고 하는 것도 방편일세	方便呼爲智

제28조 　보리달마 존자

마음에서 모든 종자 냄이여	心地生諸種
일(事)로 인해 다시 이치 나느니라	因事復生理
두렷이 보리과가 원만하니	果滿菩提圓
세계를 일으키는 꽃 피우리	華開世界起

제29조 　신광 혜가 대사

내가 본래 이 땅에 온 것은	吾本來此土
법을 전해 중생을 구함일세	傳法救迷情
한 송이에 다섯 꽃잎 피리니	一花開五葉
열매 맺음 자연히 이뤄지리	結果自然成

제30조 　감지 승찬 대사

본래의 바탕에 연 있으면	本來緣有地
바탕의 인에서 종자 나서 꽃핀다 하나	因地種華生
본래엔 종자가 있은 적도 없어서	本來無有種
꽃핀 적도 없으며 난 적도 없다네	華亦不曾生

제31조 대의 도신 대사

꽃과 종자 바탕으로 인하니 　　　　　華種雖因地
바탕을 쫓아서 종자와 꽃을 내나 　　　從地種華生
만약에 사람이 종자 내림 없으면 　　　若無人下種
남 없어 바탕에 꽃핀 적도 없다 하리 　華地盡無生

제32조 대만 홍인 대사

꽃과 종자 성품에서 남이라 　　　　　華種有生性
바탕으로 인해서 나고 꽃피우니 　　　因地華生生
큰 연과 성품이 일치하면 　　　　　　大緣與性合
그 남은 나도 남 아니로세 　　　　　　當生生不生

제33조 대감 혜능 대사

정 있어 종자를 내림에 　　　　　　　有情來下種
바탕 인해 결과 내어 영위하나 　　　　因地果還生
정이랄 것도 없고 종자랄 것도 없어서 　無情旣無種
만물의 근원인 도의 성품엔 또한 남도 없네 　無性亦無生

제34조 남악 회양 전법선사

마음의 바탕에 모든 종자 머금어져 　　心地含諸種
널리 비 내림에 모두 다 싹트도다 　　　普雨悉皆生
단박에 깨달아 정을 다한 꽃피움에 　　頓悟華情已
보리의 과위가 스스로 이뤄졌네 　　　　菩提果自成

제35조 마조 도일 전법선사

마음의 바탕에 모든 종자 머금어져 　　心地含諸種
비와 이슬 만남에 모두 다 싹이 트나 　　遇澤悉皆萌
삼매의 꽃핌이라 형상이 없거늘 　　　　三昧華無相
무엇이 무너지고 무엇이 이뤄지랴 　　　何壞復何成

제36조 백장 회해 전법선사

마음 외에 본래에 다른 법이 없거늘	心外本無法
부촉함이 있다 하면 마음법이 아닐세	有付非心法
원래에 마음법 없음을 깨달은	旣知非法心
이러-한 마음법을 그대에게 부촉하네	如是付心法

제37조 황벽 희운 전법선사

본래에 말로는 부촉할 수 없는 것을	本無言語囑
억지로 마음의 법이라 전함이니	强以心法傳
그대가 원래에 받아 지닌 그 법을	汝旣受持法
마음의 법이라고 다시 어찌 말하랴	心法更何言

제38조 임제 의현 전법선사

마음의 법 있으면 병이 있고	病時心法在
마음의 법 없으면 병도 없네	不病心法無
내 부촉한 마음의 법에는	吾所付心法
마음의 법 있는 것 아니로세	不在心法途

제39조 흥화 존장 전법선사

지극한 도는 간택함이 없으니	至道無揀擇
본래의 마음이라 향하고 등짐이 없느니라	本心無向背
이 같음을 감당해 이으려는가?	便如此承當
봄바람에 곤한 잠을 더하누나	春風增瞌睡

제40조 남원 혜옹 전법선사

대도는 온통 맘에 있다지만	大道全在心
맘에 구함 있으면 그르치네	亦非在心求
그대에게 부촉한 자심의 도에는	付汝自心道
기쁨도 근심도 없느니라	無喜亦無憂

제41조 풍혈 연소 전법선사

나 이제 법 없음을 말하노니	我今無法說
말한 바가 모두 다 법 아니라	所說皆非法
법 없는 법 지금에 부촉하니	今付無法法
이 법에도 머무르지 말아라	不可住于法

제42조 수산 성념 전법선사

말한 적도 없어야 참법이니	無說是眞法
이 말함은 원래에 말함 없네	其說元無說
나 이제 말한 적도 없을 때	我今無說時
말함이라 말한들 말함이랴	說說何曾說

제43조 분양 선소 전법선사

예로부터 말함 없음 부촉했고	自古付無說
지금의 나 또한 말함 없네	我今亦無說
다만 이 말함 없는 마음을	只此無說心
모든 부처 다 같이 말한 바네	諸佛所共說

제44조 자명 초원 전법선사

허공이 형상이 없다 하나	虛空無形像
형상도, 허공도 아닐세	形像非虛空
내 부촉한 마음의 법이란	我所付心法
공도 공한 공이어서 공 아닐세	空空空不空

제45조 양기 방회 전법선사

허공이 면목이 없듯이	虛空無面目
마음의 상 또한 이와 같네	心相亦如然
곧 이렇게 비고 빈 마음을	卽此虛空心
높은 중에 높다고 하는 걸세	可稱天中天

제46조 백운 수단 전법선사

마음의 본체가 허공같아　　　心體如虛空
법 또한 허공처럼 두루하네　　法亦遍虛空
허공 같은 이치를 증득하면　　證得虛空理
법도 아니요, 공한 맘도 아니로세　非法非心空

제47조 오조 법연 전법선사

도에는 나라는 나 원래 없고　　道我元無我
도에는 맘이란 맘 원래 없네　　道心元無心
오직 이 나라 함도 없는 법으로　唯此無我法
나라 함 없는 맘에 일체하네　　相契無我心

제48조 원오 극근 전법선사

참나에는 본래에 맘이랄 것 없으며　眞我本無心
참마음엔 역시나 나랄 것 없으나　　眞心亦無我
이러-히 참답게 참마음에 일체되면　契此眞眞心
나를 나라 한들 어찌 거듭된 나겠는가　我我何曾我

제49조 호구 소륭 전법선사

도 얻으면 자재한 마음이고　　得道心自在
도 얻지 못하면 근심이라 하나　不得道憂惱
본래의 마음의 도 부촉함에　　付汝自心道
기쁨도, 근심도 없느니라　　　無喜亦無惱

제50조 응암 담화 전법선사

맑던 하늘 구름 덮인 하늘 되고　天晴雲在天
비 오더니 젖어있는 땅일세　　　雨落濕在地
비밀히 마음을 부촉함이여　　　秘密付與心
마음법이란 다만 이것일세　　　心法只這是

제51조　밀암 함걸 전법선사

부처님은 눈으로써 별을 보고	佛用眼觀星
난 귀로써 소리를 들었도다	我用耳聽聲
나의 함이 부처님의 함과 같아	我用與佛用
내 밝음이 그대의 밝음일세	我明汝亦明

제52조　파암 조선 전법선사

부처와 더불어 중생의 보는 것이	佛與衆生見
원래 근본 부처인데 금 그은들 바뀌랴	元本佛隔線
그대에게 부촉한 본연의 마음법에는	付汝自心法
깨닫고 깨닫지 못함도 없느니라	非見非不見

제53조　무준 사범 전법선사

내가 만약 봄이 없다 할 때에	我若不見時
그대 응당 봄이 없이 보아라	汝應不見見
봄에 봄 없어야 본연의 봄이니	見見非自見
본연의 마음이 언제나 드러났네	自心常顯現

제54조　설암 혜랑 전법선사

진리는 곧기가 거문고줄 같다는데	眞理直如絃
어떻게 침묵이나 말로 다시 할 것인가	何默更何言
나 이제 그대에게 공교롭게 부촉하니	我今善付囑
밝힌 마음 본래에 얻음이 없는 걸세	表心本無得

제55조　급암 종신 전법선사

사람에겐 미혹하고 깨달음이 본래 없는데	本無迷悟人
미했느니 깨쳤느니 제 스스로 분별하네	迷悟自家計
젊어서 깨달았다 말이나 한다면	記得少壯時
늙어서까지라도 깨닫지 못할 걸세	而今不覺老

제56조 석옥 청공 전법선사

이 마음이 지극히 광대하여	此心極廣大
허공에 비할 수도 없다네	虛空比不得
이 도는 다만 오직 이러-하니	此道只如是
밖으로 찾음 쉬어 받아 지녔네	受持休外覓

제57조 태고 보우 전법선사

지극히 큰 이것인 이 마음과	至大是此心
지극히 성스러운 이것인 이 법이라	至聖是此法
등불과 등불의 광명처럼 나뉨 없음	燈燈光不差
이 마음 스스로가 통달해 마침일세	了此心自達

제58조 환암 혼수 전법선사

마음 중의 본연의 마음과	心中有自心
법 중의 지극한 법을	法中有至法
내가 지금 부촉한다 하나	我今可付囑
마음법엔 마음법이라 함도 없네	心法無心法

제59조 구곡 각운 전법선사

온통인 도, 마음의 광명이라 할 것도 없으나	一道不心光
과거, 현재, 미래와 시방을 밝힘일세	三際十方明
어떻게 지극히 분명한 이 가운데	何於明白中
밝음과 밝지 않음 있다고 하리오	有明有不明

제60조 벽계 정심 전법선사

나 지금 법 없음을 부촉하고	我無法可付
그대는 무심으로 받는다 하나	汝無心可受
전함 없고 받음 없는 맘이라면	無付無受心
누구라도 성취하지 못했다 하랴	何人不成就

제61조 벽송 지엄 전법선사

마음이 곧 깨달음의 마음이요	心卽能知心
법이 곧 깨달음의 법이라	法卽可知法
마음법을 마음법이라 전한다면	法心付法心
마음도, 법도 아닐세	非心亦非法

제62조 부용 영관 전법선사

조사와 조사가 법 없음을 부촉한다 하나	祖祖無法付
사람과 사람마다 본래 스스로 지님일세	人人本自有
그대는 부촉함도 없는 법을 받아서	汝受無付法
긴요히 뒷날에 전하도록 하여라	急着傳於後

제63조 청허 휴정 전법선사

참성품은 본래에 성품이라 할 것 없고	眞性本無性
참법은 본래에 법이라 할 것 없네	眞法本無法
법이니 성품이니 할 것 없음 깨달으면	了知無法性
어떠한 곳엔들 통달하지 못하랴	何處不通達

제64조 편양 언기 전법선사

법도 아니고 법 아님도 아니고	非法非非法
성품도 아니고 성품 아님도 아니며	非性非非性
마음도 아니고 마음 아님도 아님이	非心非非心
그대에게 부촉하는 궁극의 마음법일세	付汝心法竟

제65조 풍담 의심 전법선사

부처님이 전하신 꽃 드신 종지와	師傳拈花宗
내가 미소지어 보인 도리를	示我微笑法
친히 손수 그대에게 분부하니	親手分付汝
받들어 지녀 누리에 두루하게 하라	持奉遍塵刹

제66조   월담 설제 전법선사

깨달아선 깨달은 바 없으며 　　　　　得本無所得
전해서는 전함 또한 없느니라 　　　　傳亦無可傳
전함도 없는 법을 부촉함이여 　　　　今付無傳法
동서가 온통한 하늘일세 　　　　　　東西共一天

제67조   환성 지안 전법선사

전하거나 받을 법이 없어서 　　　　　無傳無受法
전하거나 받는다는 맘도 없네 　　　　無傳無受心
부촉하나 받은 바 없는 이여 　　　　　付與無受者
허공의 힘줄마저 뽑아서 끊었도다 　　掣斷虛空筋

제68조   호암 체정 전법선사

연류에 따른 일단사여 　　　　　　　沿流一段事
머리도 꼬리도 필경 없네 　　　　　　竟無頭與尾
사자새끼인 그대에게 부촉하니 　　　付與獅子兒
사자후 천지에 가득케 하라 　　　　哨吼滿天地

제69조   청봉 거안 전법선사

서 가리켜 동에 그림이여 　　　　　　指西喚作東
풍악산의 뭇 봉우리로다 　　　　　　楓嶽山衆峰
불조의 이러한 법을 　　　　　　　　佛祖之此法
너에게 분부하노라 　　　　　　　　分付今日汝

제70조   율봉 청고 전법선사

머리도 꼬리도 없는 도리 　　　　　　無頭尾道理
오늘 그대에게 전해주니 　　　　　　今日傳授汝
이후로 보림을 잘 하여서 　　　　　　此後善保任
영원히 끊어짐이 없게 하라 　　　　永遠無斷絕

제71조　금허 법첨 전법선사

그믐날 근원에 돌아간다 말했으나	晦日豫言爲還元
법신에 그 어찌 가고 옴이 있으랴	法身何有去與來
푸른 하늘 해 있고, 못 가운데 연꽃일세	日在靑天池中蓮
이 법을 분부하니 끊어짐이 없게 하라	此法分付無斷絶

제72조　용암 혜언 전법선사

'연꽃이 나왔다' 하여 보인 큰 도리를	示出蓮之大道理
다시 또 뜰 밑 나무 가리켜 보여서	復亦指示庭下樹
후일의 크고 큰일 그대에게 부촉하니	後日大事與咐囑
잘 지녀 보림하여 끊어짐 없게 하라	保任善持無斷絶

제73조　영월 봉율 전법선사

사느니 죽느니 이 무슨 말들인고	生也死也是何言
물밭엔 연꽃이고 하늘엔 해일세	水田蓮花在天日
가없이 이러-해서 감출 수 없이 드러남	無邊無藏露如是
오늘 네게 분부하니 끊어짐 없게 하라	今日分付無斷絶

제74조　만화 보선 전법선사

봄산과 뜬구름을 동시에 보아라	春山浮雲觀同時
중생들의 이익될 바 그 가운데 있느니라	普益衆生在其中
이 가운데 도리를 이제 네게 부촉하니	此中道理今付汝
계승해 끊임없이 번성케 할지어다	繼承無斷爲繁盛

제75조　경허 성우 전법선사

하늘의 뜬구름이 누설한 그 도리를	浮雲漏泄其道理
오늘날 선자에게 부촉하여 주노니	今日咐囑與禪子
철저하게 보림하여 모범을 보임으로	保任徹底示模範
후세에 끊어짐이 없게 할 맘, 지니게나	後世無斷爲持心

제76조 만공 월면 전법선사

구름과 달, 산과 계곡이라, 곳곳에서 같음이여	雲月溪山處處同
선가의 나의 제자 수산의 큰 가풍일세	叟山禪子大家風
은근히 무문인을 그대에게 분부하니	慇懃分付無文印
이 기틀의 방편이 활안 중에 있노라	一段機權活眼中

제77조 전강 영신 전법선사

불조도 전한 바 없어서	佛祖未曾傳
나 또한 얻은 바 없음을…	我亦無所得
가을빛 저물어 가는 날에	此日秋色暮
뒷산의 원숭이가 울고 있네	猿嘯在後峰

제78대 농선 대원 전법선사

부처와 조사도 일찍이 전한 것이 아니거늘	佛祖未曾傳
나 또한 어찌 받았다 하며 준다 할 것인가	我亦何受授
이 법이 2천년대에 이르러서	此法二千年
널리 천하 사람을 제도하리라	廣度天下人

부처님으로부터 직계로 내려온 불조정맥 제78대 농선 대원 선사님

농선 대원 전법선사의 3대 서원

오로지 정법만을 깨닫기 서원합니다.
입을 열면 정법만을 설하기 서원합니다.
중생이 다하는 그날까지 교화하기 서원합니다.

성불사 국제정맥선원 대웅전

성불사 국제정맥선원은

농선 대원 선사님께서 주석하시는 곳으로

대원 선사님의 지도하에 비구스님들이

직접 지은 도량이다.

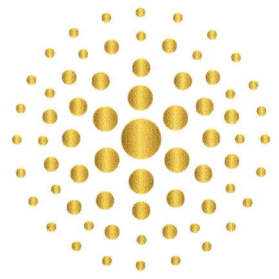

불교 8대 선언문

불교는 자신에게서 영생을 발견하게 한 유일한 종교이다.
불교는 자신에게서 모든 지혜를 발견하게 한 유일한 종교이다.
불교는 자신에게서 모든 능력을 발견하게 한 유일한 종교이다.
불교는 자신에게서 모든 것을 이루게 한 유일한 종교이다.
불교는 자신에게서 극락을 발견하게 한 유일한 종교이다.
불교는 깨달으면 차별 없어 평등하다는 유일한 종교이다.
불교는 모든 억압 없이 자신감을 갖게 한 유일한 종교이다.
불교는 그러므로 온 누리에 영원할 만인의 종교이다.

농선 대원 전법선사 주창

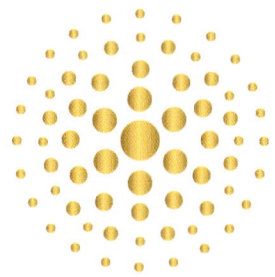

전세계의 불교계에서 통일시켜야 할 일

경전의 말씀대로 32상과 80종호를 갖춘 불상으로 통일해야 한다.

예불 드리는 법을 통일해야 한다.

불공의식을 통일해야 한다.

농선 대원 전법선사 주창

농선 대원 선사의 전등록 발간의 의의

　선문(禪文)이란 말 밖의 말로 마음을 바로 가리켜 깨닫게 하여 그 깨달은 마음 바탕에서 닦아 불지(佛地)에 이르게 하는 문(門)이다. 그러기에 지식이나 알음알이로는 헤아려 알 수 없는 것이어서 깨달아 증득하여 일체종지(一切種智)를 이룬 이가 아니고는 그 요지를 바로 보아 이끌어 줄 수 없다.

　지금 불교의 현실이 대본산 강원조차 이런 안목으로 이끌어 주는 선지식이 없어서 선종(禪宗) 최고의 공안집인 '전등록', '선문염송' 강의가 모두 폐강된 상황이다.
　이에 대원 선사님께서는 불조(佛祖)의 요지가 말이나 글에 떨어져 생사해탈의 길이 단절되는 것을 염려하여 깨달음의 법을 선리(禪理)에 맞게 바로 잡는 역경 작업에 혼신을 다하고 계신다.

　대원 선사님께서는 19세에 선운사 도솔암에서 활연대오한 후, 대선지식과의 법거량에서 한 치의 주저함도 없이 명쾌하게 응대하시니 당시 12대 선지식들께서 탄복해 마지않으셨다. 경봉 선사님과 조계종 지혜제일 전강 선사님과의 문답만을 보더라도 취모검과 같은 대원 선사님의 선지를 엿볼 수 있다.

맨 처음 통도사 경봉 선사님을 찾아뵈었을 때, 마침 늦가을 감나무에서 감을 따고 계신 경봉 선사님을 보자 감나무 주위를 한 번 돌고 서 있으니, 경봉 선사님께서 물으셨다.

"어디서 왔는가?"

"호남에서 왔습니다."

"무엇을 공부했는가?"

"선을 공부했습니다."

"무엇이 선이냐?"

"감이 붉습니다."

"네가 불법을 아는가?"

"알면 불법이 아닙니다."

위의 문답이 있은 후 경봉 선사님께서는 해제 법문을 대원 선사님께 맡기셨으나 대원 선사님께서는 아직 그럴 때가 아니라 여겨져 그 이튿날인 해제일 새벽 직전에 통도사를 떠나와 버리셨다.

또 광주 동광사에서 처음 전강 선사님을 뵈었을 때, 20대 초면의 젊은 승려인 대원 선사님께 전강 선사님께서 대뜸 '달마불식 도리'를 일러보라 하셨다. 대원 선사님께서 아무 말없이 다가가 전강 선사님의 목에 있는 점 위의 털을 뽑아 버리고 종무소로 가니, 전강 선사님께서 "여기 사람 죽이는 놈이 있다."하며 종무소까지 따라오다 방장실로 돌아가셨다.

그 이후 대원 선사님께서 군산 은적사에서 전강 선사님을 시봉하며 모시고 계실 때, 전강 선사님께서 또 물으셨다.

"공적의 영지를 일러라."

"이러-히 스님과 대담합니다."

"영지의 공적을 일러라."

"스님과 대담에 이러-합니다."

"이러-한 경지를 일러라."

"명왕은 어상을 내리지 않고 천하일에 밝습니다."

대원 선사님의 답에 전강 선사님께서는 희색이 만면해서 고개를 끄덕이며 당신 처소로 돌아가셨다.

이에 그치지 않고 전강 선사님께서 대구 동화사 조실로 계실 때, 대원 선사님께 말씀하셨다.

"대중들이 자네를 산으로 불러내어 그 중에 법성(조계종 종정 진제 스님)이 달마불식 도리를 일러보라 했을 때 '드러났다'라고 답했다는데, 만약에 자네가 양무제였다면 '모르오'라고 이르고 있는 달마 대사에게 어떻게 했겠는가?"

"제가 양무제였다면 '성인이라 함도 설 수 없으나 이러-히 짐의 덕화와 함께 어우러짐이 더욱 좋지 않겠습니까?'하며 달마 대사의 손을 잡아 일으켰을 것입니다."

그러자 전강 선사님께서 탄복하며 말씀하셨다.

"어느새 그 경지에 이르렀는가?"

"이르렀다곤들 어찌하며 갖추었다곤들 어찌하며 본래라곤들 어찌하리까? 오직 이러-할 뿐인데 말입니다."

대원 선사님의 대답에 전강 선사님께서 크게 기뻐하셨다.

이와 같이 대원 선사님께서는 20대 초반에 이미 어떤 선지식의 물음에도 전광석화와 같이 답하셨으며 그 법을 씀이 새의 길처럼 흔적 없는 가운데 자유자재하셨다.

깨달음의 방편에 있어서는 육조 대사께서 마주 앉은 자리에서 사람들을 깨닫게 하셨듯이, 제자들을 제접해 직지인심(直指人心)으로 스스로의 마음에 사무쳐 들게 하여 근기에 따라 보림해 갈 수 있도록 이끌어주시니, 꺼져가는 정법의 기치를 바로 일으켜 세움이라 하겠다.

또한 선지식이라면 이변(理邊)에서 뿐만이 아니라 사변(事邊)에서도 먼 안목으로 인류가 무엇을 어떻게 대비하며 살아가야 할지를 예언하고 이끌어 주어야 한다고 하셨다.

그래서 1962년부터 주창하시기를, 전 세계가 21세기를 '사막 경영의 시대'로 삼아 사막화된 지역에 '사막 해수로 사업'을 하여 원하는 지역의 기후를 조절해야 하고, 자원을 소모하는 발전소 대신 파도, 태양열, 풍력 등의 대체 에너지와 무한 원동기를 개발해야 한다고 하셨다. 또, 도로를 발전소화하여 전기를 생산하는 방법 등을 구체적으로 제안하시고, 천재지변을 대비하여 각자의 집에서 농사를 짓는 '울안의 농법'을 연구하시는 등 만인이 더 나은 삶을 살 수 있는 길을 끊임없이 일러 주고 계신다.

　이와 같이 대원 선사님께서는 일체종지를 이룬 지혜로, '참나를 깨달아 마음이 내가 된 삶'을 위한 깨달음의 법으로부터 닥쳐오는 재난을 막고 지구를 가장 살기 좋은 세상으로 만드는 방편까지 늘 그 방향을 제시하고 계신다.

　한편, 불교의 최고 경전인 '화엄경 81권'을 완간하여 불보살님의 불가사의한 화엄세계를 열어 보이셨으며, 선문 최대의 공안집인 '선문염송 30권' 1,463칙에 대하여 석가모니 부처님 이래 최초로 전 공안을 맑은 물 밑바닥 보듯이 회통쳐 출간하셨다.

　이제 대원 선사님께서는 7불과 역대 조사들의 깨달음의 진수가 담긴 '전등록 30권'을 그런 혜안(慧眼)으로 조사마다 선리의 토끼뿔을 더해 닦아 증득할 수 있도록 밝혀 보이셨다. 그리하여 생사윤회길을 헤매는 중생들에게 해탈의 등불이 되고자 하셨으며, 불조(佛祖)의 정법이 후세에까지 끊어지지 않게 하여 부처님 은혜에 보답하고자 하셨다.

　부처님 가신 지 오래되어 정법은 약하고 삿된 법이 만연한 지금, 중생이 다하는 날까지 중생을 구제하기 서원하는 대원 선사님과 같은 명안종사(明眼宗師)가 계심은 불보살님의 자비광명이 이 땅에 두루한은덕이라 하겠다.

바로보인 불법 ㊸

전등록
傳燈錄

16

도서출판 문젠(구, 바로보인)은 정맥선원에서 운영하고 있습니다.

* 인제산(人濟山) 성불사(成佛寺) 국제정맥선원
  경기도 포천시 내촌면 소리개길 86-178 ☎ 031-531-8805
* 인제산(人濟山) 이문절 포천정맥선원
  경기도 포천시 내촌면 소리개길 86-123 ☎ 031-531-2433
* 백양산(白楊山) 자모사(慈母寺) 부산정맥선원
  부산시 동래구 아시아드대로 114번길 10 대류코리아나 2층 212호 ☎ 051-503-6810
* 자모산(慈母山) 육조사(六祖寺) 청도정맥선원
  경북 청도군 매전면 동산리 산 40 ☎ 010-4543-2460
* 광암산(光嚴山) 성도사(成道寺) 광주정맥선원
  광주광역시 광산구 삼도광암길 34 ☎ 062-944-4088
* 대통산(大通山) 대통사(大通寺) 해남정맥선원
  전남 해남군 화산면 송계길 132-98 중정마을 ☎ 061-536-6366

바로보인 불법 ㊸

전 등 록 16

초판 1쇄 펴낸날 단기 4354년, 불기 3048년, 서기 2021년 12월 30일

역   저 농선 대원 선사
펴 낸 곳 도서출판 문젠(Moonzen Press)
         11192, 경기도 포천시 내촌면 소리개길 86-178
         전화 031-534-3373 팩스 031-533-3387
신고번호 2010.11.24. 제2010-000004호

편집윤문출판 법심 최주희, 법운 정숙경
인디자인 전자출판 지일 박한재
한문원문대조 불장 곽병원
표 지 글 씨 춘성 박선옥
인   쇄 북크림

도서출판문젠 www.moonzenpress.com
정 맥 선 원 www.zenparadise.com
사막화방지국제연대(IUPD) www.iupd.org

ⓒ 문재현, 2021. Printed in Seoul, Republic of Korea
값 15,000원
ISBN 978-89-6870-616-5
ISBN 978-89-6870-600-4 04220(전30권)

 서 문

전등록은 말 없는 말이며 말 밖의 말이라서 학식이나 재치만으로는 번역이 실로 불가능한 일이다. 그러기에 육조단경(六祖壇經)을 보면 법화경을 삼천 번이나 독송한 법달(法達)은 글 한 자 모르시는 육조(六祖)께 경의 뜻을 물었고, 글을 모르시는 육조께서는 법화경의 바른 뜻을 설파하셔서 법달을 깨닫게 하신 것이다.

그런데 하루는 본인에게 법을 물으러 다니시던 부산의 목원 하상욱 본연님이 오셔서 시중에 나온 전등록 번역본 두세 가지를 보이시며 범인인 당신에게도 부처님과 조사님들의 본래 뜻에 맞지 않는 대문이 군데군데 눈에 뜨인다며 바른 의역의 필요성을 절감한다고 하셨다. 그 후로 전등록 번역을 바로 해주십사 하는 간청이 지극하여 비록 단문하나 이 일을 시작하게 되었다.

부처님과 조사님들의 근본 뜻에 어긋남이 없게 하기 위해 노력하였으나 약속한 기간 내에 해내기란 실로 벅찬 일이어서 혹시 미비한 점이 없지 않으리니 강호 제현의 좋은 지적이 있기를 바란다.

불법(佛法)이란 본자연(本自然)이라 누가 설(說)하고 누가 듣고 배울 자리요만 그렇지 못한 이가 또한 있어서 부처님과 조사님들의 허물이 생기는 것이다.

어떤 것이 부처인고?
화분의 빨간 장미니라.

이 가운데 남전(南泉) 뜰꽃 도리(道理)며 한산(寒山) 습득(拾得)의 웃음을 누릴진저.

단기(檀紀) 4354년
불기(佛紀) 3048년
서기(西紀) 2021년

무등산인 농선 대원 분향근서
(無等山人 弄禪 大圓 焚香謹書)

양억(楊億)의 경덕전등록 서문

　석가모니께서 일찍이 연등 부처님의 수기를 받아, 현겁(賢劫)의 보처(補處)가 되어 이 땅에 탄강하시고 법을 펴서 교화하시기가 49년이었으니 방편과 진리, 돈오(頓悟)와 점수(漸修)의 문호를 여시고, 헤아릴 수 없이 많은 다양한 교법을 내려 주셨다.
　근기(根機)에 따라 진리를 깨닫게 하신 데서 삼승(三乘)의 차별이 생겼으니, 사물에 접하는 대로 중생을 이롭게 하여 한량없는 중생을 제도하셨다. 그 자비는 넓고 컸으며 그 법식(法式)은 두루 갖추어져 있었다.
　쌍림(雙林)에서 열반에 드실 때 가섭(迦葉)에게만 유촉하신 것이 차츰차츰 전하여 달마에 이르러서 비로소 문자를 세우지 않고 마음의 근원을 곧바로 보이게 되었으니, 차례를 밟지 않고 당장에 부처의 경지에 오르게 되어 다섯 잎[1]이 비로소 무성하고 천 개의 등불[2]이 더욱 찬란하여서, 보배 있는 곳에 이른 이는 더욱 많고, 법의 바퀴를 굴린 이도 하나가 아니었다.
　부처님께서 부촉하신 종지와 정법안장(正法眼藏)이 유통되는 도리는 교리 밖에서 따로 행해지는 불가사의(不可思議)한 것이다.
　태조(太祖)께서 거룩하신 무력으로 전란을 진압하신 뒤에 사찰을 숭상하여 제도의 문을 활짝 여셨고, 태종(太宗)께서 밝으신 변재로 비밀한 법을 찬술하시어 참된 이치를 높이셨으며, 황상(皇上)[3]께서 높으신 학덕으로 조사의 뜻을 이어 거룩한 가르침에 머릿말을 쓰셔 종풍(宗風)을 잇게 하시니, 구름 같은 문장이 진리의 하늘에 빛나고, 부처의 황금같은 설법

---

1) 다섯 잎 : 중국 선종의 2조 혜가로부터 6조 혜능에 이르는 다섯 조사를 말한다.
2) 천 개의 등불 : 중국에 선법(禪法)이 전해진 이후 등장한 수많은 견성도인들을 말한다.
3) 황상(皇上) : 송의 진종(眞宗)을 말한다.

이 깨달음의 동산에 펼쳐졌다.

대장경의 말씀에 비밀히 계합하고, 인도로부터의 법맥이 번창하니, 뭇 선행을 늘리는 이가 더욱 많아졌고, 요의(了義)[4]를 전하는 사람들이 간간이 나타나서 원돈(圓頓)의 교화가 이 지역에 퍼졌다.

이에 동오(東吳)의 승려인 도원(道原)이 선열(禪悅)의 경지에 마음을 모으고, 불법의 진리를 샅샅이 찾으며, 여러 세대의 조사 법맥을 찾고, 제방의 어록(語錄)을 모아 그 근원과 법맥에 차례를 달고, 말씀들을 차례차례 엮되, 과거 7불로부터 대법안(大法眼)의 문도에 이르기까지 무릇 52세대, 1,701인을 수록하여 30권으로 만들어 경덕전등록이라 하여 대궐로 가지고 와서 유보해 주기를 청하였다.

황상께서는 불법을 밖으로부터 보호하고자 하시고, 승려들의 부지런함을 가상히 여겨 마음가짐을 신중히 하고 생각을 원대히 하여 좌사간(左司諫) 지제고(知制誥) 양억(楊億)과 병부원외랑(兵部員外郞) 지제고(知制誥) 이유(李維)와 태상승(太常丞) 왕서(王曙) 등을 불러 교정케 하시니, 신(臣) 등은 우매하여 삼학(三學)[5]의 근본 뜻을 모르고 5성(五性)[6]의 방편에 어두우며, 훌륭한 번역 솜씨도 없고, 비야리 성에서 보인 유마 거사의 묵연(默然) 도리[7]에도 둔하건만 공손히 지엄하신 하명(下命)을 받들어 감히 끝내 사양하지 못하였다.

그 저술된 내용을 두루 살펴보면 대체로 진공(眞空)[8]으로써 근본을 삼고 있고, 옛 성인께서 도에 들던 인연을 서술할 때나 옛 사람이 진리를 깨달은 이야기를 표현할 때엔 근기와 인연의 계합함이 마치 활쏘기와 칼쓰

---

4) 요의(了義) : 일을 다 마친 도리. 깨달아서 깨달음마저 두지 않는 경지를 말한다.
5) 삼학(三學) : 계(戒), 정(定), 혜(慧).
6) 5성(五性) : 법상종의 용어. 일체중생의 근기를 다섯 성품으로 나누어서 성불할 근기와 성불하지 못할 근기로 나누었다.
7) 유마 거사의 묵연 도리 : 유마 거사가 비야리성에서 그를 문병하러 온 문수보살과 법담을 할 때 잠자코 말이 없음으로 불이(不二)의 도리를 드러내 보인 일을 말한다.
8) 진공(眞空) : 색(色)이니 공(空)이니를 초월해서 누리는 경지.

기가 알맞는 것 같아 지혜가 갖추어진 데서 광명을 내어, 채찍 그림자만 보고도 달리는 말과 같은 상근기자(上根機者)들에게 널리 도움이 되고 있다.

후학(後學)들을 인도함에는 현묘한 진리를 드날리고 있고, 다른 이야기를 가져올 때에는 출처를 밝히고 있으며, 다듬어지지 않은 부분도 많으나 훌륭한 부분도 찾아볼 수 있었다. 모든 대사들이 대중에게 도리를 보일 때에 한결같은 소리로 펼쳐 보이고 있으니 영특한 이가 귀를 기울여 듣는다면 무수한 성인들이 증명한다 할 것이다. 개괄해서 들추어도 그것이 바탕이어서 한군데만 취해도 그대로가 옳다.

만일 별달리 더 붓을 댄다면 그 돌아갈 뜻을 잃을 것이다. 중국과 인도에서의 말이 이미 다르지 않은데 자칫하면 구슬에다 무늬를 새기려다 보배에 흠집을 낼 우려가 있기에, 이런 종류는 모두 그대로 두었다. 더욱이 일은 실제로 행한 것만을 취해 기록하여 틀림없이 잘 서술했으나 말이란 오래도록 남아 전해지는 까닭에 전혀 문장을 다듬지 않을 수는 없었다.

어떤 사연을 기록할 때엔 그 자취를 자세히 하였고 말이 복잡해지거나 이야기가 저속한 것이 있으면 모두 삭제하되 문맥이 통하게 하였다.

유교(儒敎)의 대신이나 거사(居士)의 문답에 이르러 벼슬자리와 성씨가 드러난 이는 연대와 역사에 비추어 잘못을 밝히고, 사적(史籍)에 따라 틀린 점을 바로잡아 믿을 만한 전기가 되게 하였다.

만일 바늘을 던져 맞추듯 한 치의 어긋남 없이 도리를 밝히는 일이 아니거나, 번갯불이 치듯 빠른 기틀을 내보이는 일이 아니거나, 묘하게 밝은 참 마음을 보이는 일이 아니거나, 고(苦)와 공(空)의 깊은 이치를 조사(祖師)의 뜻 그대로 기술(記述)하는 일이 아니라면, 어떻게 등불을 전한다는 전등(傳燈)이라는 비유에 계합(契合)하는 그 극진한 공덕을 베풀 수 있었겠는가?

만일 감응(感應)한 징조만을 서술하거나 참문하고 행각한 자취만을 기록한다 할 것 같으면 이는 이미 승사(僧史)에 밝혀져 있는 것이니, 어째서 선가(禪家)의 말씀을 굳이 취하겠는가? 세대와 계보의 명칭을 남긴 것만이 아니라 스승과 제자가 이어지는 근거를 널리 기록하였다.

그러나 옛날 책에 실린 것을 보면 잘 다듬어지지 않은 내용을 수록하고 잘 다듬어진 것은 버린 일이 있는데, 다른 기록에 남아 있으면 해당하는 문장을 찾아 보완하고, 더욱 널리 찾아서 덧붙이기도 하였다. 또한 서문과 논설에 이르러 혹 옛 조사(祖師)의 문장이 아닌 것이 사이사이 섞이어 공연히 군소리가 되었으면 모두 간추려서 다 깎아버렸으니, 이같이 하여 1년 만에 일이 끝났다.

저희 신(臣)들은 성품과 식견이 우둔하고, 학문이 넓지 못하고, 기틀이 본래 얕고, 문장력은 부족하여 묘한 도리가 사람에게 달렸다고는 하나 마음에서 떠난 지 오래되고 깊은 진리를 나타내는 말이 세속에서 단절되어, 담벽을 마주한 듯 갑갑하게 지낸 적이 많았다. 과분하게도 추천해 주시는 은혜를 받았으나 아무 힘도 발휘하지 못했다. 편찬하는 일이 이미 끝났으므로 이를 임금님께 바친다. 그러나 임금님의 뜻에 맞지 않아, 임금님께서 거룩히 살펴보시는 데에 공연히 누만 끼치는 것이 아닌가 한다. 삼가 바친다.

한림학사조산대부행좌사간지제고동
수국사판사관사주국남양군개국후식읍
1천백호사자금어대신 양억 지음

景德傳燈錄序 昔釋迦文。以受然燈之夙記當賢劫之次補。降神演化四十九年。開權實頓漸之門。垂半滿偏圓之教。隨機悟理。爰有三乘之差。接物利生。乃度無邊之衆。其悲濟廣大矣。其軌式備具矣。而雙林入滅。獨顧於飮光。屈眴相傳。首從於達磨。不立文字直指心源。不踐楷梯徑登佛地。逮五葉而始盛。分千燈而益繁。達寶所者蓋多。轉法輪者非一。蓋大雄付囑之旨。正眼流通之道。教外別行不可思議者也。

聖宋啓運人靈幽贊。太祖以神武戡亂。而崇淨刹。闢度門。太宗以欽明禦辯。而述祕詮。暢眞諦。皇上睿文繼志而序聖教繹宗風。煥雲章於義天。振金聲於覺苑。蓮藏之言密契。竺乾之緖克昌。殖衆善者滋多。傳了義者間出。圓頓之化流於區域。有東吳僧道原者。冥心禪悅。索隱空宗。披弈世之祖圖。采諸方之語錄。次序其源派。錯綜其辭句。由七佛以至大法眼之嗣。凡五十二世。一千七百一人。成三十卷。目之曰景德傳燈錄。詣闕奉進冀於流布。

皇上爲佛法之外護。嘉釋子之勤業。載懷重愼。思致悠久。乃詔翰林學士左司諫知制誥臣楊億。兵部員外郞知制誥臣李維。太常丞臣王曙等。同加刊削。俾之裁定。臣等昧三學之旨迷五性之方。乏臨川翻譯之能。懵毘邪語默之要。恭承嚴命。不敢牢讓。竊用探索匪遑寧居。考其論譔之意。蓋以眞空爲本。將以述曩聖入道之因。標昔人契理之說。機緣交激。若拄於箭鋒。智藏發光。旁資於鞭影。

誘道後學。敷暢玄猷。而捃摭之來。徵引所出。糟粕可在。油素可尋。其有大士。示徒。以一音而開演。含靈聳聽。乃千聖之證明。屬概舉之是資。取少分而斯可。若乃別加潤色失其指歸。旣非華竺之殊言。頗近錯雕之傷寶。如此之類悉仍其舊。況又事資紀實。必由於善敍。言以行遠。非可以無文。其有標錄事緣。縷詳軌跡。或辭條之紛糾。或言筌之猥俗。並從刊削。俾之綸貫。

至有儒臣居士之問答。爵位姓氏之著明。校歲歷以愆殊。約史籍而差謬。鹹用刪去。以資傳信。自非啓投針之玄趣。馳激電之迅機。開示妙明之眞心。祖述苦空之深理。即何以契傳燈之喩。施刮膜之功。若乃但述感應之徵符。專敍參遊之轍跡。此已標於僧史。亦奚取於禪詮。聊存世系之名。庶紀師承之自然而舊錄所載。或掇粗而遺精。別集具存。當尋文而補闕。率加采擷。爰從附益。逮於序論之作。或非古德之文。問廁編聯徒增楦釀（楦釀二字出唐張燕公文集。謂冗長也）亦用簡別多所屛去。汔茲周歲方遂終篇。臣等性識愧於冥煩。學問慚於涉獵。天機素淺。文力無餘。妙道在人。雖刻心而斯久。玄言絶俗。固牆面以居多。濫膺推擇之私。靡著發揮之效。已克終於紬繹。將仰奉於淸021。莫副宸襟空塵睿覽。謹上。

翰林學士朝散大夫行左司諫知制誥同
修國史判史館事柱國南陽郡開國侯食邑
一千百戶賜紫金魚袋臣楊億 撰

승려 희위(希渭)의 경덕전등록 재발간사

　　호주로(湖州路) 도량산(道場山) 호성만세선사(護聖萬歲禪寺)의 늙은 중 희위(希渭)는 본관이 경원로(慶元路) 창국주(昌國州)이며 성은 동(董)씨다.
　　어릴 때부터 고향의 성에 있는 관음선사(觀音禪寺)에 가서 절조(絶照) 화상을 스승으로 삼았고, 법명(法名)을 받게 되어 자계현(慈溪縣) 개수(開壽)의 보광선사(普光禪寺)에 가서 용원(龍源) 화상에 의해 머리를 깎고 중이 되었다.
　　그대로 오대율사(五臺律寺)로 가서 설애(雪涯) 화상에게 구족계를 받은 뒤에 짐을 꾸려 서쪽으로 향해 행각을 떠나 수행을 하다가 나중에 다시 은사이신 용원 화상을 만나 이 산으로 옮겨 왔다.
　　스승을 따라 배움에 참여하고 이로움을 구한 지 벌써 여러 해가 되었다. 항상 스승의 은혜를 생각하면서도 갚을 기회가 없었다. 그런데 삼가 윗대로부터의 부처와 조사들을 수록한 경덕전등록 30권을 보니 7불로부터 법안(法眼)의 법사(法嗣)에 이르기까지 전부 52세대(世代)인데, 경덕(景德)에서 연우(延祐) 병진년에 이르기까지 317년이나 지나서 옛 판본이 다 썩어버려 남아있지 않기 때문에 후학들이 보고 싶어도 볼 수가 없었다. 이에 발심하여 다시 간행한다.
　　홀연히 내 고향에 있는 천성선사(天聖禪寺)의 송려(松廬) 화상이 소장하고 있던, 여산(廬山)의 은암(隱庵)에서 찍은 옛 책이 가장 보존이 잘 된 상태로 입수되었는데, 아주 내 마음에 들었다. 마침내 병진(丙辰)년 정월 10일에 의발 등속을 모두 팔아 1만 2천여 냥을 얻었다. 그날 당장에 공인(工人)에게 간행할 것을 명하여 조사의 도리가 세상에 유포되게 하였다. 이 책은 모두 36만 7천 9백 17자이다. 그해 음력 12월 1일에야 공인의 작업이 끝났다.

당장에 300부를 인쇄하여 전당강(錢塘江) 남북지역과 안중(安衆)지역[9]의 여러 명산(名山)의 방장(方丈)[10]과 몽당(蒙堂)[11]과 여러 요사(寮舍)[12]에 한 부씩을 비치케 하여 온 세상의 도를 분변(分辨)하는 참선납자(參禪衲子)들이 참구하기에 편하도록 하였다. 이를 잘 이용하여 사은(四恩)[13]을 갚고 아울러 삼유(三有)의 중생[14]에게도 도움이 되기 바란다.

대원(大元) 연우(延祐) 3년[15] 음력 12월 1일
늙은 중 희위(希渭)가 삼가 쓰고
젊은 비구 문아(文雅)가 간행을 감독하고
주지 비구 사순(士洵)이 간행하다.

---

9) 두 지역은 희위 스님의 고향인 호주(湖州)와 비교적 인접한 지역들이다.
10) 방장(方丈) : 절의 주지가 거처하는 방. 지금은 견성한 이가 아니더라도 주지를 맡고 있으나 그 당시에는 견성한 도인이라야 그 절의 주지를 맡았다. 따라서 방장에는 대체로 법이 높은 스님이 기거하는 경우가 대부분이었다.
11) 몽당(蒙堂) : 승사(僧寺)의 일에서 물러난 사람이 거처하는 방.
12) 요사(寮舍) : 절에서 대중이 숙식하는 방.
13) 사은(四恩) : 보시(布施), 자애(慈愛), 화도(化導), 공환(共歡)의 네가지 시은(施恩), 또는 부모(父母), 중생(衆生), 국왕(國王), 삼보(三寶)의 네가지 지은(知恩).
14) 삼유(三有)의 중생 : 욕계(慾界), 색계(色界), 무색계(無色界)의 삼계(三界)를 유전하는 미혹한 중생.
15) 서기 1316년.

차 례

서 문 35
양억(楊億)의 경덕전등록 서문 37
승려 희위(希渭)의 경덕전등록 재발간사 42
일러두기 48
16권 법계보 49

청원(靑原) 행사(行思) 선사의 5세 법손(法孫) 53

행사(行思) 선사의 제5세
앞의 낭주(郎州) 덕산(德山) 선감(宣鑒) 선사의 법손 55
   악주(鄂州) 암두(巖頭) 전활(全豁) 선사 55
   복주(福州) 설봉(雪峯) 의존(義存) 선사 73
   천태(天台) 서룡원(瑞龍院) 혜공(慧恭) 선사 101
   천주(泉州) 와관(瓦棺) 화상 104

양주(襄州) 고정(高亭) 간(簡) 선사 106
　　　홍주(洪州) 대녕(大寧) 감담(感潭) 자국(資國) 화상 108

앞의 담주(潭州) 석상산(石霜山) 경제(慶諸) 선사의 법손 110
　　　하중(河中) 남제산(南際山) 승일(僧一) 선사 110
　　　담주(潭州) 대광산(大光山) 거회(居誨) 선사 113
　　　여산(廬山) 서현(棲賢) 회우(懷祐) 선사 117
　　　균주(筠州) 구봉(九峯) 도건(道虔) 선사 120
　　　태주(台州) 용천(涌泉) 경흔(景欣) 선사 130
　　　담주(潭州) 운개산(雲蓋山) 지원(志元) 대사 133
　　　담주(潭州) 곡산(谷山) 장(藏) 선사 136
　　　복주(福州) 복선산(覆船山) 홍천(洪荐) 선사 138
　　　낭주(朗州) 덕산(德山) 존덕(存德) 대사(제6세 주지) 141
　　　길주(吉州) 숭은(崇恩) 화상 143
　　　석상(石霜) 휘(輝) 선사(제3세 주지) 145
　　　영주(郢州) 파초(芭蕉) 화상 147
　　　담주(潭州) 비전(肥田) 혜각(慧覺) 복(伏) 화상 149
　　　담주(潭州) 녹원(鹿苑) 휘(暉) 선사 151
　　　담주(潭州) 보개(寶蓋) 약(約) 선사 154
　　　월주(越州) 운문산(雲門山) 증미사(拯迷寺) 해안(海晏) 선사 156
　　　호남(湖南) 문수(文殊) 화상 158
　　　봉상부(鳳翔府) 석주(石柱) 화상 161
　　　담주(潭州) 중운(中雲) 개(蓋) 화상 164
　　　하중부(河中府) 서암산(棲巖山) 대통원(大通院) 존수(存壽) 선사 167

남악(南嶽) 현태(玄泰) 상좌 169

앞의 예주(澧州) 협산(夾山) 선회(善會) 선사의 법손 173
    예주(澧州) 악보산(樂普山) 원안(元安) 선사 173
    홍주(洪州) 상람(上藍) 영초(令超) 선사 194
    운주(鄆州) 사선(四禪) 화상 198
    강서(江西) 소요산(逍遙山) 회충(懷忠) 선사 200
    원주(袁州) 반룡산(盤龍山) 가문(可文) 선사 205
    무주(撫州) 황산(黃山) 월륜(月輪) 선사 207
    낙경(洛京) 소산(韶山) 환보(寰普) 선사 214
    태원(太原) 해호(海湖) 화상 220
    가주(嘉州) 백수사(白水寺) 화상 223
    봉상(鳳翔) 천개산(天蓋山) 유(幽) 선사 225
    홍주(洪州) 건창(建昌) 봉서산(鳳棲山) 동안(同安) 화상(제1세 주지) 227

색인표 231

부록1 농선 대원 선사님 인가 내력 241
부록2 농선 대원 선사님 법어 249
부록3 21세기에 인류가 해야 할 일 261
부록4 가슴으로 부르는 불심의 노래 265

일러두기

1. 대만에서 펴낸 『경덕전등록(景德傳燈錄)』(宋釋道原 編, 新文豐出版公司, 民國 75년, 1986년)에 의거해서 번역했으며 누락된 부분 없이 완역하였다.
2. 농선 대원 선사가 각 선사장마다 선리의 토끼뿔을 더하여 닦아 증득하는 데 도움이 되도록 하였다.
3. 뜻이 통하지 않는데도 오자가 아닐 때는 옛 한문 사전에서 그 조사 당시에 그 글자가 어떻게 쓰였는가를 찾아 번역하였다. 예를 들어 '還'자가 돌아올 '환'으로가 아니라 영위할 '영'으로 쓰여 뜻이 통한 경우에는 '영위하다' '누리다'로 의역하였다.
4. 선사들의 생몰연대는 여러 기록된 내용이 일치하지 않거나 미상으로 되어 있는 바가 많아, 각 선사 당시의 나라와 왕의 연대, 불교의 상황 등을 역사학자들이 전문적으로 연구하여 밝혀야 할 부분이 있기에, 이 책에서는 여러 자료와 연구 결과가 일치된 내용만을 주에서 표기하였다.
5. 첨가한 주의 내용은 불교에 대한 지식이 없는 이들도 선문답을 참구해 가는데 도움이 되도록 간략하게 달았으며, 주의 내용에 따라서는 사전적인 뜻보다는 선리(禪理)로서 그 뜻을 밝혀 마음에 비추어 참구할 수 있도록 하였다.

16권 법계보

길주(吉州) 청원산(靑原山) 행사(行思) 선사의 제5세 112인 중 72인

낭주(郞州) 덕산(德山) 선감(宣鑒) 선사의 법손 9인
- 악주(鄂州) 암두(巖頭) 전활(全豁) 선사
- 복주(福州) 설봉(雪峯) 의존(義存) 선사
- 천태(天台) 서룡원(瑞龍院) 혜공(慧恭) 선사
- 천주(泉州) 와관(瓦棺) 화상
- 양주(襄州) 고정(高亭) 간(簡) 선사
- 홍주(洪州) 대녕(大寧) 감담(感潭) 자국(資國) 화상

  (이상 6인은 본문에 기록되어 있다. 원주)

- 덕산(德山) 아호(鵝湖) 소석(紹奭) 대사
- 봉상(鳳翔) 무구(無垢) 화상
- 익주(益州) 쌍류(雙流) 위지(尉遲) 화상

  (이상 3인은 본문에 기록되어 있지 않다. 원주)

담주(潭州) 석상산(石霜山) 경제(慶諸) 선사의 법손 41인
- 하중(河中) 남제산(南際山) 승일(僧一) 선사
- 담주(潭州) 대광산(大光山) 거회(居誨) 선사
- 여산(廬山) 서현(棲賢) 회우(懷祐) 선사
- 균주(筠州) 구봉(九峯) 도건(道虔) 선사
- 태주(台州) 용천(涌泉) 경흔(景欣) 선사

16권 법계보

- 담주(潭州) 운개산(雲蓋山) 지원(志元) 대사
- 담주(潭州) 곡산(谷山) 장(藏) 선사
- 복주(福州) 복선산(覆船山) 홍천(洪荐) 선사
- 낭주(朗州) 덕산(德山) 존덕(存德) 혜공(慧空) 대사
- 길주(吉州) 숭은(崇恩) 화상
- 석상(石霜) 휘(輝) 선사(제3세 주지)
- 영주(郢州) 파초(芭蕉) 화상
- 담주(潭州) 비전(肥田) 복(伏) 화상
- 담주(潭州) 녹원(鹿苑) 휘(暉) 선사
- 담주(潭州) 보개(寶蓋) 약(約) 선사
- 월주(越州) 운문산(雲門山) 증미사(拯迷寺) 해안(海晏) 선사
- 호남(湖南) 문수(文殊) 화상
- 봉상부(鳳翔府) 석주(石柱) 화상
- 담주(潭州) 중운(中雲) 개(盖) 화상
- 하중부(河中府) 서암산(棲巖山) 대통원(大通院) 존수(存壽) 선사
- 남악(南嶽) 현태(玄泰) 상좌

  (이상 21인은 본문에 기록되어 있다. 원주)

- 항주(杭州) 용천(龍泉) 경(敬) 선사
- 노주(潞州) 반정(盤亭) 종민(宗敏) 선사
- 신라(新羅) 흠충(欽忠) 선사
- 신라(新羅) 행적(行寂) 선사

16권 법계보

- 홍주(洪州) 녹원(鹿源) 화상
- 영주(郢州) 대양산(大陽山) 화상
- 골주(滑州) 관음(觀音) 화상
- 운주(鄆州) 정각(正覺) 화상
- 상주(商州) 고명(高明) 화상
- 허주(許州) 경수(慶壽) 화상
- 진주(鎭州) 만세(萬歲) 화상
- 진주(鎭州) 영수(靈壽) 화상(제2세 주지)
- 진주(鎭州) 홍제(洪濟) 선사
- 길주(吉州) 간지(簡之) 선사
- 대양(大梁) 홍방(洪方) 선사
- 인주(印州) 수한(守閑) 선사
- 신라(新羅) 낭(朗) 선사
- 신라(新羅) 청허(淸虛) 선사
- 분주(汾州) 상(爽) 선사
- 여항(餘杭) 통(通) 선사

(이상 20인은 본문에 기록되어 있지 않다. 원주)

예주(澧州) 협산(夾山) 선회(善會) 선사의 법손 22인

- 예주(澧州) 악보산(樂普山) 원안(元安) 선사
- 홍주(洪州) 상람(上藍) 영초(令超) 선사

16권 법계보

- 운주(鄆州) 사선(四禪) 화상
- 강서(江西) 소요산(逍遙山) 회충(懷忠) 선사
- 원주(袁州) 반룡산(盤龍山) 가문(可文) 선사
- 무주(撫州) 황산(黃山) 월륜(月輪) 선사
- 낙경(洛京) 소산(韶山) 환보(寰普) 선사
- 태원(太原) 해호(海湖) 화상
- 가주(嘉州) 백수사(白水寺) 화상
- 봉상부(鳳翔府) 천개산(天蓋山) 유(幽) 선사
- 홍주(洪州) 건창(建昌) 봉서산(鳳棲山) 동안(同安) 화상

  (이상 11인은 본문에 기록되어 있다. 원주)

- 소주(韶州) 담보(曇普) 선사
- 길주(吉州) 선거산(僊居山) 화상
- 태원(太原) 자복(資福) 단(端) 선사
- 홍주(洪州) 노선산(盧偳山) 연경(延慶) 화상
- 월주(越州) 월봉(越峯) 화상
- 낭주(朗州) 지도산(祇闍山) 화상
- 익주(益州) 서목(棲穆) 화상
- 숭산(嵩山) 전(全) 선사
- 익주(益州) 협산원(夾山院) 화상
- 서경(西京) 운암(雲巖) 화상
- 안복(安福) 연휴(延休) 화상

  (이상 11인은 본문에 기록되어 있지 않다. 원주)

청원(靑原) 행사(行思) 선사의
5세 법손(法孫)

행사(行思) 선사의 제5세
앞의 낭주(朗州) 덕산(德山) 선감(宣鑒) 선사의 법손

악주(鄂州) 암두(巖頭) 전활(全豁) 선사

전활 선사[1]는 천주(泉州) 사람으로 성은 가(柯)씨이다. 어릴 때에 청원(淸原) 의공(誼公)에게 귀의하여 머리를 깎고, 장안(長安)의 보수사(寶壽寺)에서 계를 받았다. 경과 율의 여러 부를 익히다가 선원으로 두루 돌면서 설봉 의존(雪峯義存), 흠산 문수(欽山文邃) 등과 도반을 맺었다.

行思禪師第五世。前朗州德山宣鑒禪師法嗣。鄂州巖頭全豁禪師。泉州人也。姓柯氏。少禮淸原誼公落髮。往長安寶壽寺稟戒。習經律諸部。優遊禪苑與雪峯義存欽山文邃爲友。

---

1) 전활 선사(828 ~ 887).

여항(餘杭)의 대자산(大慈山)을 떠나 여기저기 돌아다니다가 임제(臨濟)에 이르렀는데, 때마침 임제가 입적하였으므로 앙산(仰山)을 뵈었다. 문 안으로 들어서자마자 방석을 들면서 대사가 말하였다.

"화상이시여."

앙산이 불자를 들려 하니, 대사가 말하였다.

"훌륭한 솜씨군요."

나중에 덕산(德山) 화상을 뵐 때에 방석을 들고 법당에 올라가서 두루 돌아보니, 덕산이 말하였다.

"무엇인가?"

대사가 말하였다.

"돌!"

덕산이 말하였다.

"노승에게 무슨 허물이 있는가?"

"두 겹의 공안(公案)이군요."

그리고는 참문하는 방으로 내려가니, 덕산이 말하였다.

自餘杭大慈山迤邐造於臨濟。屬臨濟歸寂乃謁仰山。纔入門提起坐具曰。和尚。仰山取拂子擬舉之。師曰。不妨好手。後參德山和尚。執坐具上法堂瞻視。德山曰。作麼。師咄之。德山曰。老僧過在什麼處。師曰。兩重公案。乃下參堂。德山曰。

"이 승려는 약간 행각을 한 사람 같구나."
이튿날 올라가서 문안을 드리니, 덕산이 말하였다.
"그대가 어제 처음 온 사람인가?"
대사가 말하였다.
"그렇습니다."
"어디서 그 따위 헛된 짓을 배웠는가?"
"전활은 끝내 스스로를 속일 수 없을 뿐입니다."
"이 뒤에 나를 저버리지 말라."

다른 날 대사가 참문(參問)을 갔다가 방장실 문에 몸을 옆으로 하여 들어서면서 물었다.[2]
"범부입니까? 성인입니까?"
덕산이 할을 하니, 대사가 절을 하였다.
어떤 사람이 동산(洞山)에게 이 이야기를 하니, 동산이 말하였다.

這箇阿師稍似箇行脚人。至來日上問訊。德山曰。闍梨是昨日新到否。曰是。德山曰。什麼處學得這箇虛頭來。師曰。全豁終不自謾。德山曰。他後不得孤負老僧。他日參師入方丈門側身問。是凡是聖。德山喝。師禮拜。有人舉似洞山。洞山曰。

---

2) 한 발은 문 밖에, 한 발은 문 안에 놓인 상태에서 물었다.

악주(鄂州) 암두(巖頭) 전활(全豁) 선사 57

"만일 전활 상좌가 아니었다면 알아듣기가 퍽 어려웠을 것이다."
대사가 이 말을 듣고 말하였다.
"동산 노인이 좋고 나쁜 것도 모르고 말을 잘못하였다. 나는 당시에 한 손은 들고, 한 손은 내렸을 뿐이었다."

설봉이 덕산 회상에서 반두(飯頭)³⁾를 하는데, 어느 날 밥이 늦었다. 덕산이 발우를 들고 법당으로 올라가는데, 설봉이 밥 수건을 말리다가 덕산을 보고 말하였다.
"노장께서는 종도 치지 않았고 북도 울리지 않았는데, 발우를 들고 어디로 가십니까?"
덕산이 그대로 방장실로 돌아갔다. 설봉이 대사에게 이야기하니, 대사가 말하였다.
"대단하시다는 덕산이 아직도 말후구(末後句)⁴⁾를 알지 못했구나."

若不是豁上座大難承當。師聞之乃曰。洞山老人不識好惡錯下名言。我當時一手擡一手搦。雪峯在德山作飯頭。一日飯遲。德山擎鉢上法堂。雪峯曬飯巾次見德山乃曰。老漢鍾未鳴鼓未打老和尙托鉢向什麼處去。德山便歸方丈。雪峯擧似師。師云。大小德山不會末後句。

---

3) 반두(飯頭) : 절에서 대중이 먹을 밥이나 죽을 마련하는 소임을 맡은 사람.
4) 말후구(末後句) : 진리의 최후 최고의 경지.

덕산이 듣고 시자를 시켜 대사를 방장실로 불러놓고 물었다.

"그대는 나를 긍정하지 않는가?"

대사가 비밀한 뜻을 열어 보이니, 이튿날 덕산이 법상에 올라 말하는 것이 다른 날과 달랐다. 대사가 큰 방 앞에 가서 손뼉을 치며 깔깔 크게 웃으면서 말하였다.

"노장께서 말후구를 안 것이 기쁘다. 이제는 천하 사람들이 아무도 그를 어쩌지 못하리라. 그러나 겨우 3년뿐이다."

과연 덕산이 3년 만에 열반에 들었다.

어느 날 대사가 설봉 의존과 흠산 문수와 셋이서 이야기를 하다가 설봉이 갑자기 종지에 든 물을 가리키니, 흠산이 말하였다.

"물이 맑아서 달이 드러났네."

설봉이 말하였다.

"물이 맑으나 달이 드러나지 않네."

德山聞令侍者喚師至方丈問。你不肯老僧那。師密啟其意。德山至來日上堂說話異於尋常。師到僧堂前撫掌大笑云。且喜得堂頭老漢會末後句。他後天下人不奈何。雖然如此也祇得三年。德山三年後果然遷化矣。師一日與雪峯義存欽山文邃三人聚話。存驀然指一椀水。邃曰。水清月現。存曰。水清月不現。

악주(鄂州) 암두(巖頭) 전활(全豁) 선사

대사가 물 종지를 차버리고 떠나 버렸다. 이후에 흠산은 동산의 제자가 되고, 설봉과 전활 두 대사는 함께 덕산의 법을 이었다.

대사가 설봉과 함께 덕산을 하직하니, 덕산이 물었다.
"어디로 가려는가?"
대사가 대답하였다.
"잠시 화상의 곁을 떠나서 산 밑으로 가겠습니다."
"그대가 이 뒤에는 어찌하겠는가?"
"잊지 않겠습니다."
"무엇에 의하여 그런 말을 하는가?"
대사가 말하였다.
"어찌 듣지 못하셨습니까? 지혜가 스승보다 뛰어나야 법을 전해 줄 수 있는데, 지혜가 스승과 같으면 스승의 덕의 반을 감한다 하였습니다."
덕산이 말하였다.
"그렇다, 그렇다. 잘 보호해 가져라."

師踢却水椀而去。自此邃師洞山。存豁二士同嗣德山。師與存同辭德山。德山問。什麼處去。師曰。暫辭和尚下山去。德山曰。子他後作麼生。師曰。不忘。曰子憑何有此說。師曰。豈不聞智慧過於師方傳師教。其或智慧齊等他後恐減師半德。德曰。如是如是。當善護持。

두 대사가 절을 하고 물러나서 의존은 민천으로 돌아가 상골산(象骨山)의 설봉(雪峯)에 살았고, 대사는 동정(洞庭)의 와룡산에 암자를 짓고 사니 무리들이 모여들었다.

어떤 승려가 물었다.
"스승 없이도 깨달을 수 있습니까?"
대사가 말하였다.
"소리 이전의 옛 솜털이 빛나는구나."

"당당하게 올 때는 어떠합니까?"
"눈을 찔러 버렸구나."

"어떤 것이 조사의 뜻입니까?"
"여산(廬山)을 옮기고 오면 말해 주리라."

어느 날 대사가 법상에 올라 대중들에게 말하였다.

二士禮拜而退。存返閩川居象骨山之雪峯。師庵於洞庭臥龍山。徒侶臻萃。僧問。無師還有出身處也無。師曰。聲前古毳爛。問堂堂來時如何。師曰。刺破眼。問如何是祖師意。師曰。移取廬山來向汝道。師一日上堂謂諸徒曰。

"내가 일찍이 『열반경』을 7, 8년 동안 연구했는데, 두 세 단락이 납승의 말과 비슷하더라."

또 말하였다.

"그만둬라, 그만둬."

이때에 어떤 승려가 나와서 절을 하고 사실을 들어 말해 주기를 청하였다.

이에 대사가 말하였다.

"불법의 뜻은 이자삼점(伊字三點)[5]과 같다. 첫째로 동쪽에 찍은 한 점은 보살들의 눈을 열리게 하고, 둘째로 서쪽에 찍은 한 점은 보살들의 목숨이고, 셋째로 위쪽에 찍은 한 점은 모든 보살들의 정수리이다. 이것이 첫 단원의 이치이다.

또 불법의 뜻은 마혜수라(摩醯首羅)[6]가 얼굴을 번쩍 들어 한 개의 눈이 세워진 것 같으니, 이것이 둘째 단원의 이치이다.

吾嘗究涅槃經七八年。觀三兩段文似衲僧說話。又曰。休休。時有一僧出禮拜請師擧。師曰。吾教意如伊字三點。第一向東方下一點。點開諸菩薩眼。第二向西方下一點。點諸菩薩命根。第三向上方下一點。點諸菩薩頂。此是第一段義。又曰。吾教意如摩醯首羅劈開面門。豎亞一隻眼。此是第二段義。

---

5) 이자삼점(伊字三點) : 산스크리트어의 '∴'를 이자삼점(伊字三點) 또는 원이삼점(圓伊三點)이라고 한다.
6) 마혜수라(摩醯首羅) : 색계의 정상에 있는 눈이 세 개인 천신의 이름.

또 불법의 뜻은 도독고(塗毒鼓)[7]와 같으니, 한번 치기만 하면 멀고 가까운 곳의 사람이 다 죽는다. 이것이 셋째 단원의 이치이다."

이때에 소엄(小嚴) 상좌가 물었다.

"어떤 것이 도독고입니까?"

대사가 두 손으로 무릎을 껴안고 몸을 구부리고 말하였다.

"한신(韓信)[8]이 조회(朝會)에 임하는 것이니라."

소엄이 말이 없었다.

협산(夾山)의 회상에 있던 승려가 석상(石霜)에 와서 문에 들어서면서 갑자기 말하였다.

"살피지 못하시는군요."

석상이 말하였다.

"필요없다. 승려야."

又曰。吾教意猶如塗毒鼓。擊一聲遠近聞者皆喪。亦云俱死。此是第三段義。時小嚴上座問。如何是塗毒鼓。師以兩手按膝亞身曰。韓信臨朝底。嚴無語。夾山會下一僧到石霜。入門便道不審。石霜曰。不必闍梨。

---

7) 도독고(塗毒鼓) : 그 북소리를 듣는 이는 모두 죽는다는 북.
8) 한신(韓信) : 한나라의 일등 공신. 반란의 기미가 있는 모든 장군들을 뛰어난 지략으로 다스렸다.

그 승려가 말하였다.

"그러면 안녕히 계십시오."

다시 암두(巖頭)에게 가서 앞에서 말했던 것처럼 말하였다.

"살피지 못하시는군요."

대사가 말하였다.

"쉿〔噓〕[9]!"

승려가 말하였다.

"그러면 안녕히 계십시오."

그리고는 발길을 돌렸다. 이에 대사가 말하였다.

"비록 후생(後生)이기는 하나 불법을 지닌 자구나."

그 승려가 돌아가서 협산에게 이야기하니, 협산이 말하였다.

"대중은 알겠는가?"

대중이 대답이 없으니, 협산이 말하였다.

"아무도 말을 하지 않는다면 내가 눈썹 빠질 것을 두려워하지 않고 말하리라."

僧曰。恁麼即珍重。又到巖頭如前道不審。師曰噓。僧曰。恁麼即珍重。方迴步。師曰。雖是後生亦能管帶。其僧歸舉似夾山。夾山曰。大眾還會麼。眾無對。夾山曰。若無人道老僧不惜兩莖眉毛道去也。

---

9) 쉿〔噓〕: 할과 같이 쓰였다.

그리고는 이어 말하였다.
"석상은 비록 살인검(殺人劍)은 있으나 활인검(活人劍)은 없다."

대사가 나산(羅山)과 함께 탑 자리를 잡으러 산으로 가는 길에 나산이 홀연히 불렀다.
"화상!"
대사가 고개를 돌리면서 대답하였다.
"왜 그러시오?"
나산이 손을 들면서 말하였다.
"이 속에 좋은 땅이 한 조각 있소."
대사가 꾸짖으면서 말하였다.
"과주(瓜州)[10]에서 참외를 파는 놈이로구나."
또 몇 리를 가다가 서성거리는데, 나산이 절을 하고 물었다.
"화상께서는 30년 동안 동산에 계시면서도 동산을 수긍하지 않으셨습니까?"

乃曰。石霜雖有殺人刀。且無活人劍。師與羅山卜塔基。羅山中路忽曰。和尚。師迴顧曰。作麼。羅山擧手曰。這裏好片地。師咄曰。瓜州賣瓜漢。數里徘徊間。羅山禮拜問曰。和尚豈不是三十年在洞山而不肯洞山。

---

10) 과주(瓜州) : 참외가 많이 나는 마을.

대사가 말하였다.

"그렇다."

"또 화상은 덕산의 법을 잇지도 않고, 덕산을 수긍하지도 않으셨습니까?"

"그렇다."

"덕산을 수긍하지 않은 것은 묻지 않겠습니다. 동산에게는 어떤 모자람이 있습니까?"

대사가 한참 있다가 말하였다.

"동산은 좋은 부처이건만 광채가 없을 뿐이다."

어떤 승려가 물었다.

"날카로운 칼로 천하를 베는데 누가 머리를 내밀겠습니까?"

대사가 말하였다.

"어둡다."

그가 다시 물으려 하니, 대사가 꾸짖었다.

"이 둔한 놈아, 나가라."

師曰。是。又曰。和尚豈不是法嗣德山又不肯德山。師曰。是。曰不肯德山即不問。只如洞山有何所闕。師良久曰。洞山好箇佛。只是無光。僧問。利劍斬天下誰是當頭者。師曰。暗。擬再問。師咄曰。這鈍漢出去。

"고금에 속하지 않을 때에는 어떠합니까?"
"새벽 땅에 우뚝 서 있다"
"고금의 일이 어떠합니까?"
"문드러지도록 맡겨 두어라."

대사가 어떤 승려에게 말하였다.
"어디서 오는가?"
"서경(西京)에서 옵니다."
대사가 말하였다.
"황소의 난이 지나간 뒤에 칼이나 하나 얻었는가?"
"얻었습니다."
대사가 목을 쭉 빼서 칼을 받는 시늉을 하니, 승려가 말하였다.
"스님의 머리가 떨어졌습니다."
대사가 크게 웃었다.[11]

問不歷古今時如何。師曰。卓朔地。曰古今事如何。師曰。任爛。師問僧。什麼處來。曰西京來。師曰。黃巢過後還收得劍麼。曰收得。師作引頸受刃勢。僧曰。師頭落也。師大笑(其僧後到雪峯擧前語。被拄杖打趁下山)。

---

11) 승려가 나중에 설봉(雪峯)에게 가서 이 이야기를 하다가 주장자를 맞고 산 밑으로 쫓겨났다. (원주)

악주(鄂州) 암두(巖頭) 전활(全豁) 선사 67

"두 용이 여의주를 다투는데 누가 얻습니까?"
"모두 틀렸다."

어떤 승려가 설봉에게 물었다.
"성문들의 견성은 밤에 달을 보는 것 같고, 보살의 견성은 낮에 해를 보는 것 같다 하였는데, 화상의 견성은 어떠하십니까?"
설봉이 주장자로 세 차례 때렸다.
그 승려가 나중에 앞의 이야기를 들어 대사에게 물으니, 대사가 주먹으로 세 차례 갈겼다.

"어떤 것이 삼계의 주인입니까?"
"너야말로 무쇠방망이를 맞아야 할 놈인 줄 아는가?"

서암(瑞巖)이 물었다.
"어떤 것이 비로자나의 스승입니까?"
"무엇이라 했는가?"

問二龍爭珠誰是得者。師曰。俱錯。僧問雪峯。聲聞人見性如夜見月。菩薩人見性如晝見日。未審和尚見性如何。峯以拄杖打三下。其僧後舉前語問師。師與三摑。問如何是三界主。師曰。汝還解喫鐵棒麼。瑞巖問。如何是毘盧師。師曰。道什麼。

서암이 다시 물으니, 대사가 말하였다.
"그대의 나이가 17, 8세 아닌가?"

"티끌 속에서 어떻게 주인을 가려내겠습니까?"
"구리 쟁반에 기름이 가득하다."

"활이 부러지고, 화살이 다했을 때에는 어떠합니까?"
"가거라."

"어떤 것이 암두의 분명한 뜻입니까?"
"가리켜 보여 주어서 고맙다."
"화상께서 말씀해 주십시오."
"안녕."

"어떤 것이 도입니까?"
"헤진 짚신을 개천에 던진다."

瑞巖再問之。師曰。汝年十七八未。問塵中如何辨主。師曰。銅鈔鑼裏滿盛油。問弓折箭盡時如何。師曰。去。問如何是巖中的的意。師曰。謝指示。僧曰。請和尚答話。師曰。珍重。問如何是道。師曰。破草鞋與拋向湖裏著。

악주(鄂州) 암두(巖頭) 전활(全豁) 선사

"어찌하면 만 길 우물 속의 밑까지 이를 수 있습니까?"
"흠(吽)."
승려가 다시 물으니, 대사가 말하였다.
"발 밑으로 지나갔다."

"옛 돛을 달지 않았을 때에는 어떠합니까?"
"후원의 당나귀가 풀을 뜯고 있구나."

그 뒤에도 사람들이 부처나 법이나 도나 참선하는 이가 물으면 대사는 언제나 '쉿!' 소리를 하고, 또 항상 대중에게 말하기를 "내가 갈 때에는 온통인 소리로 크게 외치고 마칠 것이다."라고 하였다.
당의 광계(光啓) 후에 중원(中原)에 도적이 일어나서 모두가 피하는데 대사만이 태연히 앉아 있었다. 그러던 어느 날, 도적떼가 많이 와서 공양거리가 없다고 칼로 찔렀다.

問萬丈井中如何得倒底。師曰。吽。僧再問。師曰。脚下過也。問古帆不掛時如何。師曰。後園驢喫草。爾後人或問佛問法問道問禪者。師皆作噓聲。而常謂眾曰。老漢去時大吼一聲了去。唐光啟之後中原盜起眾皆避地。師端居晏如也。一日賊大至責以無供饋遂俾刃焉。

대사는 얼굴 빛이 태연한 채 앉아서 온통인 소리로 외치고 임종하니, 소리가 수십 리까지 들렸다.
　이는 곧 광계(光啓) 3년 정미(丁未) 4월 8일이었다. 나중에 문인들이 화장을 하고 사리 49개를 얻어 대중이 탑을 세우니, 수명은 60세였다. 희종(僖宗)이 청엄 대사(淸嚴大師)라 시호를 내렸고, 탑호는 출진(出塵)이라 하였다.

　師神色自若。大呼一聲而終。聲聞數十里。即光啓三年丁未四月八日也。門人後焚之獲舍利四十九粒。眾為起塔。壽六十。僖宗諡淸嚴大師。塔曰出塵。

 토끼뿔

◌ "고금에 속하지 않을 때에는 어떠합니까?" 했을 때

대원은 말없이 있다가 "알겠느냐?" 하리라.

◌ "고금의 일이 어떠합니까?" 하니 "문드러지도록 맡겨 두어라." 했는데

대원은 "당장은 어떠냐?" 해서 응해 옴을 보아서 이끌었으리라.

◌ "스님의 머리가 떨어졌습니다." 했을 때

대원은 "떨어진 목은 무슨 땅 쪼가리에 있느냐? 말해 봐라, 말해 봐." 하리라.

복주(福州) 설봉(雪峯) 의존(義存) 선사

　의존 선사[12]는 천주(泉州) 남안(南安) 사람으로 성은 증(曾)씨이다. 집안이 대대로 불법을 믿었으며 대사는 나면서부터 마늘과 파 따위를 싫어하였다. 포대기 속에서도 범종 소리를 듣거나 번(幡)[13]이나 꽃으로 장식한 등상을 보면 반드시 그 곳을 향해 얼굴을 돌렸다.
　나이 12세에 그의 부친을 따라 포전(莆田)의 옥간사(玉澗寺)에 갔다가 경현(慶玄) 율사를 보자, 얼른 절을 하고 말하였다.
　"나의 스승이시군요."
　그리고는 머물러서 시봉을 하였다.

　福州雪峯義存禪師。泉州南安人也。姓曾氏。家世奉佛。師生惡葷茹。於襁褓中聞鍾梵之聲。或見幡華像設。必爲之動容。年十二從其父遊莆田玉澗寺。見慶玄律師遽拜曰。我師也。遂留侍焉。

---

12) 의존 선사(822 ~ 908).
13) 번(幡) : 설법할 때 절의 깃대 머리에 종이나 비단을 오려 다는 장식.

17세에 머리를 깎고 부용산(芙蓉山)의 상조(常照) 대사를 뵈니 상조가 어루만지면서 기특히 여겼다. 나중에 유주(幽州)의 보찰사(寶刹寺)에 가서 구족계를 받고 오랫동안 선원을 돌다가 덕산과 인연이 맞았다.

당의 함통(咸通) 때에 민중(閩中)으로 돌아와서 상골산에 올라 설봉(雪峯)에다 선원을 지으니 무리들이 모여들었다. 의종(懿宗)이 진각 대사(眞覺大師)라는 호를 내렸고 이어 자색 가사를 하사하였다.

어떤 승려가 물었다.
"교리의 뜻과 조사의 뜻이 같습니까, 다릅니까?"
대사가 말하였다.
"우뢰 소리가 땅을 흔들어도 방 안에는 들리지 않는다."
그리고는 또 말하였다.
"그대는 무슨 일로 행각하는가?"

十七落髮。謁芙蓉山常照大師。照撫而器之。後往幽州寶刹寺受具足戒久歷禪會。緣契德山。唐咸通中迴閩中。登象骨山雪峯創院。徒侶翕然。懿宗賜號真覺大師。仍賜紫袈裟。僧問。祖意與教意是同是別。師曰。雷聲震地室內不聞。又曰。闍梨行脚為什麼事。

"저의 눈은 본래 바른데 스승으로 인하여 삿되었을 때에는 어찌합니까?"

"미혹한 이가 달마(達磨)를 만났다."

"저의 눈이 어디에 있습니까?"

"스승을 쫓아서 얻으려 하지도 말라."

"머리를 깎고 염의를 입고 부처님의 은혜를 입었는데, 어째서 부처님을 알려는 것을 허락하지 않습니까?"

"좋은 일도 없는 것만 못하니라."

대사가 좌주(座主)에게 물었다.

"여시(如是)라는 두 글자는 모두가 과목의 글인데, 어떤 것이 본문인가?"

좌주가 대답이 없었다.[14]

問我眼本正。因師故邪時如何。師曰。迷逢達磨。曰我眼何在。師曰。得不從師。問剃髮染衣受佛依蔭。為什麼不許認佛。師曰。好事不如無。師問座主。如是兩字盡是科文。作麼生是本文。座主無對(五雲和尚代云。更分三段著)。

---

14) 오운(五雲) 화상이 대신 말하기를 "나누어 세단〔三段〕을 짓는구나." 하였다. (원주)

어떤 이가 물었다.

"어떤 사람이 '삼신(三身) 가운데에서 어느 몸이 모든 숫자에 떨어지지 않는 것입니까?'라고 물으니, 옛사람이 말하기를 '나에게 항상하는 이 절절한 의지는 어떤 것인가?'라고 하였습니다."

대사가 말하였다.

"내가 아홉 차례 동산(洞山)에 올랐느니라."

승려가 다시 물으려 하니, 대사가 말하였다.

"이 중을 끌어내라."

"어떤 것이 빤히 마주보는 일입니까?"

"천 리가 멀지 않느니라."

"어떤 것이 거룩한 이의 모습〔大人相〕입니까?"

"우러러보면 알게 된다."

"문수와 유마는 무슨 일을 이야기했습니까?"

"뜻에 떨어졌군."

問有人問。三身中那箇身不墮諸數。古人云。吾常於此切。意旨如何。師曰。老漢九轉上洞山。僧擬再問。師曰。拽出此僧著。問如何是覿面事。師曰。千里未是遠。問如何是大人相。師曰。瞻仰即有分。問文殊與維摩對譚何事。師曰。義墮也。

어떤 승려가 물었다.

"적연(寂然)해서 의지한 것이 없을 때에는 어떠합니까?"

대사가 말하였다

"오히려 병이니라."

"바뀐 뒤에는 어떠합니까?"

"배가 벌써 양주(揚州)로 내려갔다."

승려가 물었다.

"옛 사람이 말하기를 ….'"

그러자 대사가 얼른 눕는 시늉을 하고 말없이 보이고〔良久〕, 일어나서 말하였다.

"무엇을 물었느냐?"

승려가 다시 물으니, 대사가 말하였다.

"헛되이 태어났다가 헛되이 죽을 놈이구나."

"화살이 드러나자마자 칼을 던질 때가 어떠합니까?"

"익숙한 솜씨라면 적중시키려고 할 것도 없다."

僧問。寂然無依時如何。師曰。猶是病。曰轉後如何。師曰。船子下揚州。問承古有言。師便作臥勢。良久起曰。問什麼。僧再擧。師曰。虛生浪死漢。問箭露投鋒時如何。師曰。好手不中的。

승려가 말하였다.

"온통 눈이어서 표적이라 할 것마저 없을 때에는 어떠합니까?"

"익숙한 솜씨니 뜻대로 해도 무방하다."

"옛사람이 말하기를 길에서 도를 아는 사람을 만나면 말과 침묵으로써 대하지 않는다고 하니, 그렇다면 무엇으로 대합니까?"

"차나 마셔라."

대사가 승려에게 물었다.

"어디서 왔는가?"

"신광(神光)에서 왔습니다."

대사가 말하였다.

"낮에는 햇빛이라 하고 밤에는 불빛이라 하는데, 무엇을 신광이라 하는가?"

승려가 대답이 없으니, 대사 스스로가 대답하였다.

"햇빛과 불빛이니라."

僧曰。盡眼勿摽的時如何。師曰。不妨隨分好手。問古人道。路逢達道人不將語默對。未審將什麼對。師曰。喫茶去。師問僧。什麼處來。對曰。神光來。師曰。晝喚作日光夜喚作火光。作麼生是神光。僧無對。師自代曰。日光火光。

서 전좌(栖典座)가 물었다.

"옛사람이 말하기를 부처라는 것마저 초월한 경지를 알아야 이야기를 나눌 수 있다고 하니, 어떤 이야기입니까?"

대사가 꼭 붙들고 말하였다.

"말해 봐라, 말해 봐."

서 전좌가 대답이 없자 대사가 차서 쓰러뜨리니, 서 전좌가 일어나서 땀을 흘렸다.

대사가 어떤 승려에게 물었다.

"어디서 왔는가?"

승려가 대답하였다.

"요즈음 절중(浙中)에서 떠났습니다."

"배로 왔느냐? 육지로 왔느냐?"

"두 길을 모두 지나지 않습니다."

"그러면 어떻게 여기를 왔느냐?"

栖典座問。古人有言。知有佛向上事。方有語話分。如何是語話。師把住曰。道道。栖無對。師踢倒。栖起來汗流。師問僧。什麼處來。僧曰。近離浙中。師曰。船來陸來。曰二途俱不涉。師曰。爭得到這裏。

"무슨 막힘이 있습니까?"
대사가 바로 때렸다.

"옛사람이 눈앞에 서로 드러내 보인다고 할 때가 어떻습니까?"
"이렇다."
"어떤 것이 눈앞에 서로 드러내 보이는 것입니까?"
"아이고, 아이고."

대사가 어떤 승려에게 물었다.
"이 물소의 나이가 얼마나 되었겠는가?"
승려가 대답이 없으니, 대사가 스스로 대답하였다.
"77세이다."
그 승려가 물었다.
"화상이 어째서 물소가 되셨습니까?"
"무슨 허물이라도 있느냐?"

曰有什麼隔礙。師便打。問古人道覿面相呈時如何。師曰。是。曰如何是覿面相呈。師曰。蒼天蒼天。師問僧。此水牯牛年多少。僧無對。師自代曰。七十七也。僧曰。和尚為什麼作水牯牛。師曰。有什麼罪過。

어떤 승려가 하직하니 대사가 물었다.

"어디로 가는가?"

"경산(徑山) 화상께 절을 하러 갑니다."

"만일 경산이 그대에게 이 지방의 불법이 어떠냐고 물으면 무엇이라 이르겠는가?"

"물으면 곧 이르겠습니다."

대사가 주장자로 때리고, 이어 도부(道怤)[15]에게 이 이야기를 들어 물었다.

"그 승려는 허물이 어디에 있기에 방망이를 맞았겠는가?"

도부가 말하였다.

"경산의 물음에 혼쭐이 났군요."

대사가 말하였다.

"경산은 절강성에 있거늘 무슨 그의 물음에 혼쭐이 났다고 하는가?"

　　僧辭師問。什麼處去。日禮拜徑山和尚去。師曰。徑山若問汝此間佛法如何。作麼生道。日待問即道。師以拄杖打。尋擧問道怤(怤即鏡清順德大師)。這僧過在什麼處便喫棒。怤曰。問徑山得徹困也。師曰。徑山在浙中因什麼問得徹困。

---

15) 도부는 곧 경청 순덕 대사이다. (원주)

도부가 말하였다.

"먼 데서 묻는데 가까운 데서 대답한다는 것을 보지 못하셨습니까?"

대사가 그만두었다.[16)]

어느 날 대사가 혜릉(慧稜)[17)]에게 말하였다.

"내가 알기로는 위산(潙山)이 앙산(仰山)에게 묻기를 '윗대의 여러 성인들이 어디로 갔느냐?'라고 하니, 앙산이 말하기를 '혹은 하늘에 있고, 혹은 인간에 있습니다.'라고 했다는데, 그대의 생각에는 앙산의 뜻이 무엇이라 여기는가?"

혜릉이 대답하였다.

恁曰。不見道遠問近對。師乃休(東禪齊云。那僧若會雪峯意。為什麼被打。若不會又打伊作什麼。且道過在什麼處。鏡清雖即子父與他分析。也大似成就其醜拙。還會麼。且如雪峯便休。是肯伊不肯伊)。師一日謂慧稜曰(稜即長慶)。吾見潙山問仰山從上。諸聖什麼處去。他道。或在天上或在人間。汝道仰山意作麼生。稜曰。

---

16) 동선제(東禪齊)가 말하기를 "그 중이 설봉의 뜻을 알았다면 왜 맞았을까? 알지 못했다면 때려서 무엇하랴? 말해 봐라. 허물이 어디에 있는가? 경청이 비록 부자간으로 분석했으나 마치 커다란 졸작을 만든 것 같다. 알겠는가? 또 설봉이 그만둔 것은 그를 긍정한 것인가? 그를 긍정하지 않은 것인가?" 하였다. (원주)

17) 릉이 곧 장경이다. (원주)

"여러 성인들이 들고 나는 곳을 물었다면, 그렇게 대답해서는 안 됩니다."

대사가 말하였다.

"그대가 전혀 긍정하지 않는다면, 만일 어떤 사람이 홀연히 물을 때 그대는 어떻게 대답하겠는가?"

혜릉이 말하였다.

"그저 '틀렸다.'라고만 하겠습니다."

"그대는 틀리지 않았다고 하겠구나."

"틀린 것과 무엇이 다르겠습니까?"

대사가 어떤 승려에게 물었다.

"어디서 왔는가?"

"강서(江西)에서 떠났습니다."

"강서와 여기와는 거리가 얼마인가?"

"멀지 않습니다."

대사가 불자를 세우고 말하였다.

若問諸聖出沒處。恁麼道即不可。師曰。汝渾不肯。忽有人問。汝作麼生道。稜曰。但道錯。師曰。是汝不錯。稜曰。何異於錯。師問僧。什麼處來。對曰。離江西。師曰。江西與此間相去多少。曰不遙。師竪起拂子曰。

복주(福州) 설봉(雪峯) 의존(義存) 선사　83

"이것이 막을 수 있겠는가?"
"그것이 막을 수 있다면 먼 것입니다."
대사가 때렸다.

"학인이 처음으로 총림에 들어왔으니, 스님께서 들어갈 길을 가리켜 보여 주십시오."
대사가 말하였다.
"차라리 내 몸을 가루가 되도록 부술지언정 한 승려의 눈을 멀게 하지는 않겠다."

"49년 뒤의 일은 묻지 않겠습니다. 49년 이전의 일은 어떠합니까?"
대사가 갑자기 불자로 입을 윽박지르듯 때렸다.

어떤 승려가 대사를 하직하고 떠나 영운(靈雲)에게 가서 물었다.
"부처님이 세상에 나시기 전에는 어떠합니까?"

還隔這箇麽。日若隔這箇即遙去也。師便打。問學人乍入叢林乞師指示箇入路。師曰。寧自碎身如微塵。終不敢瞎却一僧眼。問四十九年後事即不問。四十九年前事如何。師以拂子驀口打。有僧辭去參靈雲。問佛未出世時如何。

영운이 불자를 드니, 또 물었다.
"세상에 나신 뒤에는 어떠합니까?"
영운이 또 불자를 들었다.
그 승려가 이내 돌아오니, 대사가 물었다.
"그대는 떠났다가 몹시 빨리 돌아왔구나."
그 승려가 대답하였다.
"제가 거기에 가서 불법을 묻다가 맞지 않아서 돌아왔습니다."
"그대는 무엇을 물었었던가?"
승려가 앞의 이야기를 하니, 대사가 말하였다.
"그대가 물어라. 내가 말해 주리라."
승려가 다시 물었다.
"부처님이 세상에 나시기 전에는 어떠합니까?"
대사가 불자를 들었다.
"세상에 나신 뒤에는 어떠합니까?"

靈雲擧拂子。又問。出世後如何。靈雲亦擧拂子。其僧却迴。師問。闍梨近去返太速生。僧曰。某甲到彼問佛法不相當乃迴。師曰。汝問什麽事。僧擧前話。師曰。汝問。我爲汝道。僧便問。佛未出世時如何。師擧拂子。又問。出世後如何。

대사가 불자를 던지자 그 승려가 절을 하니, 대사가 때렸다.[18]

대사가 6조(六祖)가 '바람이 움직이는 것도 아니요, 깃발이 움직이는 것도 아니요, 그대의 마음이 움직일 뿐이다.'라고 한 이야기를 들어서 말하였다.
"대단하시다는 조사여, 용두사미(龍頭蛇尾)가 되었으니 20방망이쯤 때리는 것이 좋겠소."
이때에 태원부(太原孚) 상좌가 모시고 서 있다가 이 말을 듣고, 이를 부딪쳐 소리를 냈다. 대사가 다시 말하였다.

師放下拂子。僧禮拜。師便打(後僧舉似玄沙。玄沙云。汝欲得會麼。我與汝說箇喻。如人賣一片園。東西南北一時結契總了也。中心有箇樹子猶屬我在。崇壽稠云。爲當打伊解處。別有道理)。因舉。六祖云。不是風動不是旛動仁者心動。師曰。大小祖師龍頭蛇尾。好與二十拄杖。時太原孚上座侍立。聞之咬齒。師又曰。

---

18) 나중에 그 승려가 현사(玄沙)에게 이야기하니, 현사가 말하기를 "그대가 알고자 하는가? 내가 비유 하나를 말해 주리라. 어떤 사람이 동산 한 자리를 팔았는데 동, 서, 남, 북을 모두 계약해서 팔았으나 가운데 있는 이 나무는 오히려 그에게 속해 있는 것이다." 하였다.
숭수조(崇壽稠)가 말하기를 "그가 아는 곳을 때렸겠는가, 다른 도리가 있겠는가?" 하였다. (원주)

"내가 아까 그렇게 말한 것도 20방망이를 때리는 것이 좋겠다."[19]

대사가 혜전(慧全)에게 물었다.
"그대가 들어갈 곳을 얻었다면 어찌하겠는가?"
혜전이 말하였다.
"화상과 같이 헤아려 마쳤습니다."
"어느 곳을 헤아렸느냐?"
"어느 곳을 가고 온다 하십니까?"

我適來恁麼道。也好與二十拄杖(雲居錫云。什麼處是祖師龍頭蛇尾。便好喫棒。只如雪峯自道。我也好喫拄杖。且道佛法意旨作麼生。久在眾上座無有不知。初機兄弟且作麼生會。東禪齊云。雪峯恁麼道。為當點檢別有落處。眾中喚作自抽過抽過且置。祖師道不是風動不是幡動。作麼生)。師問慧全。汝得入處作麼生。全曰。共和尚商量了。師曰。什麼處商量。曰什麼處去來。

---

19) 운거석(雲居錫)이 말하기를 "어디가 조사께서 용두사미가 된 곳이기에 20방망이를 때리는 것이 좋겠다고 했겠는가? 또 설봉(雪峯)이 스스로 말하기를 '나도 방망이를 맞아야 한다'고 했으니, 불법의 뜻이 무엇이겠는가? 오랫동안 대중의 상좌에 있었던 이는 모를 리 없겠지만 처음 들어온 형제들은 어떻게 알아야 하겠는가?" 하였다.
동선제(東禪齊)가 말하기를 "설봉이 그렇게 말한 것이 점검한 것인가, 다른 뜻이 있는 것인가? 대중들이 '스스로의 허물을 드러낸 것이다.'라고 했는데, 허물을 드러낸 것이라고 한 것은 그만두고, 조사께서 말씀하시기를 '바람이 움직이는 것도 아니요, 깃발이 움직이는 것도 아니다.'라고 한 뜻이 무엇인가?" 하였다. (원주)

대사가 말하였다.
"그대가 들어간 곳을 얻었다고 한 것은 또 무엇인가?"
혜전이 대답이 없으니, 대사가 때렸다.

전탄(全坦)이 물었다.
"평평한 풀밭에서 사슴들이 떼를 이루고 있는데, 어찌하면 사슴 가운데의 왕을 잡을 수 있겠습니까?"
대사가 전탄을 부르니, 전탄이 대답하였다. 이에 대사가 말하였다.
"차나 마셔라."

대사가 어떤 승려에게 물었다.
"요사이 어디서 떠났는가?"
승려가 말하였다.
"위산에서 떠났습니다. 거기에서 '어떤 것이 조사께서 서쪽에서 오신 뜻입니까?'하고 물었더니, 위산이 자리에 걸터 앉았습니다."
대사가 말하였다.

師曰。汝得入處又作麼生。全無對。師打之。全坦問。平洋淺草麋鹿成群。如何射得麋中主。師喚全坦。坦應諾。師曰。喫茶去。師問僧。近離什麼處。僧曰。離溈山。曾問。如何是祖師西來意。溈山據座。師曰。

"그대는 그를 긍정하는가?"
"저는 그를 긍정하지 않습니다."
대사가 말하였다.
"위산은 옛 부처의 후신이다. 빨리 가서 절하고 참회하라."
현사(玄沙)가 말하였다.
"산중의 늙은이가 위산을 잘못 알았구나."[20]

승려가 물었다.
"학인이 말할 수 없는 곳을 스님께서 말씀해 주십시오."
대사가 말하였다.
"나는 법도 위하고 사람도 소중히 여긴다."

汝肯他否。僧曰。某甲不肯他。師曰。潙山古佛子。速去禮拜懺悔。玄沙曰。山頭老漢蹉過潙山也(東禪齊云。什麼處是蹉過的當蹉過。莫便恁麼會也無。若恁麼會即未會潙山意在。只如雪峯云。潙山古佛子速去懺悔。是證明潙山。是讚歎潙山此事也難子細。好見去也不難)。問學人道不得處請師道。師曰。我為法惜人。

---

20) 동선제(東禪齊)가 말하기를 "잘못 알았다면 어디가 확실히 잘못 안 곳인가? 이렇게 안다면 알지 못하는 것만 못하니, 만일 이렇게 안다면 위산의 뜻을 알지 못한 것이다. 또 설봉이 '위산은 옛 부처의 후신이니 빨리 가서 참회하라.' 했으니, 이는 위산을 증명함인가, 그를 찬탄함인가? 이 일은 자세히 하기가 어려우나 잘 보면 어려운 일은 아니다." 하였다. (원주)

대사가 불자를 들어 승려에게 온통 보이니, 그 승려가 나가 버렸다.[21]

대사가 혜릉(慧稜)에게 물었다.
"옛사람이 앞이 삼삼(三三) 뒤도 삼삼(三三)이라 한 뜻이 무엇입니까?"
혜릉이 바로 나가 버렸다.[22]

대사가 어떤 승려에게 물었다.
"어디서 왔는가?"
"쪽(藍)[23]밭에서 왔습니다."
대사가 말하였다.

師擧拂子示一僧。其僧便出去(長慶稜擧似泉州王延彬乃曰。此僧合喚轉與一頓棒。彬曰。和尙是什麼心行。稜曰幾放過)。師問慧稜。古人道前三三後三三意作麼生。稜便出去(鵝湖別云。諾)。師問僧。什麼處來。對曰。藍田來。師曰。

---

21) 장경릉(長慶稜)이 천주(泉州)의 왕연빈(王延彬)에게 이야기하고, 이어 말하기를 "응당 이 승려를 불러와서 한 방망이를 때렸어야 했다." 하니, 왕연빈이 말하기를 "화상은 무슨 마음을 행하심입니까?" 하였다. 이에 장경릉(長慶稜)이 말하기를 "몇번이나 지나쳤던가?" 하였다. (원주)
22) 아호(鵝湖)가 따로 말하기를 "예." 하였다. (원주)
23) 쪽(藍) : 물감의 원료로 쓰이는 일년생 풀.

"어찌 풀숲에 든 것이 아니겠는가?"[24)]

승려가 물었다.

"큰 일을 어떻게 지어야 되겠습니까?"

대사가 승려의 손을 잡고 말하였다.

"상좌여, 이를 누구에게 물으랴?"

어떤 승려가 절을 하니, 대사가 다섯 방망이를 때렸다. 이에 그 승려가 말하였다.

"허물이 어디에 있습니까?"

대사가 다시 다섯 방망이를 때려서 꾸짖어 내쫓았다.

대사가 어떤 승려에게 물었다.

"어디서 왔는가?"

승려가 말하였다.

"영외(嶺外)에서 왔습니다."

"달마(達磨)를 만났는가?"

何不入草(長慶稜云。險)。問大事作麼生。師執僧手曰。上座將此問誰。有僧禮拜。師打五棒。僧曰。過在什麼處。師又打五棒喝出。師問僧。什麼處來。僧曰。嶺外來。師曰。還逢達磨也無。

---

24) 장경릉(長慶稜)이 말하기를 "험하다." 하였다. (원주)

승려가 말하였다.

"청천백일(靑天白日)이옵니다."

대사가 말하였다.

"자기 일은 어찌 되었는가?"

"다시 무엇을 어쩌라 하십니까?"

대사가 때렸다.

대사가 그 승려가 떠나는 것을 서너 걸음 전송하다가 "상좌여."
하고 불렀다. 승려가 고개를 돌리니, 대사가 말하였다.

"길 조심하오."

어떤 승려가 물었다.

"망치를 들거나 불자를 세우는 것은 종승(宗乘)에 맞지 않으니,
화상께서는 어찌하시겠습니까?"

대사가 불자를 세웠다. 이에 그 승려가 자기의 머리를 숙이고 나
가자, 대사는 돌아보지도 않았다.[25]

僧曰。青天白日。師曰。自己作麼生。僧曰。更作麼生。師便打。師送僧出行三五步。召曰。上座。僧迴首。師曰。途中善為。僧問。拈槌竪拂不當宗乘和尚如何。師竪起拂子。其僧自低頭出。師乃不顧(法眼代云。大眾看此一員戰將)。

---

25) 법안(法眼)이 대신 말하기를 "대중은 이 장군을 보라." 하였다. (원주)

어떤 승려가 물었다.

"삼승십이분교는 범부를 위해서 연설하셨습니까? 범부를 위해서 연설한 것이 아닙니까?"

대사가 말하였다.

"양유지(楊柳枝) 한 곡(曲)도 쓴 적이 없다."

대사가 경청(鏡淸)에게 말하였다.

"예전에 어떤 노숙이 관인을 데리고 법당을 돌다가 말하기를 '이 대중들은 모두가 불·법·승을 배우는 사람들이다.'라고 하니, 관인이 말하기를 '금싸래기가 비록 귀하다지만 또한 무엇 하겠습니까?'라고 하자, 노숙이 대답이 없었다고 합니다."

이에 경청이 대신 말하였다.

"요즈음 벽돌을 던져서 옥이 만연하게 했다."[26]

대사가 법상에 올라 불자를 들고 말하였다.

僧問。三乘十二分教為凡夫開演。不為凡夫開演。師曰。不消一曲楊柳枝。師謂鏡清曰。古來有老宿引官人巡堂云。此一眾盡是學佛法僧。官人云。金屑雖貴又作麼生。老宿無對。鏡清代曰。比來拋塼引玉(法眼別云。官人何得貴耳而賤目)。師上堂舉拂子曰。

---

26) 법안(法眼)이 따로 말하기를 "관인은 어째서 귀만 소중히 여기고 눈은 천히 여기는가?" 하였다. (원주)

"이것은 중하근기를 위하는 것이다."
이때에 어떤 승려가 물었다.
"상상(上上)근기가 오면 어찌하겠습니까?"
대사가 불자를 드니, 승려가 말하였다.
"그것은 중하근기를 위하는 것입니다."
대사가 때렸다.

"국사(國師)가 시자를 세 차례 부른 뜻이 무엇입니까?"
대사가 일어나서 방장실로 돌아갔다.

대사가 어떤 승려에게 물었다.
"올 여름에는 어디에 있었는가?"
"용천(涌泉)에 있었습니다."
"오래 솟던가, 잠시 솟던가?"
"화상의 물음이 맞지 않습니다."
"내 물음이 맞지 않다고?"
"그렇습니다."

這箇爲中下人。僧問。上上人來如何。師擧拂子。僧曰。這箇爲中下。師打之。問國師三喚侍者意旨如何。師乃便起入方丈。師問僧。今夏在什麼處。曰涌泉。師曰。長時涌暫時涌。曰和尙問不著。師曰。我問不著。曰是。

그러자 대사가 때렸다.

농막으로 울력을 가다가 길에서 원숭이를 만나니, 대사가 말하였다.
"저 축생 한 마리가 옛 거울을 등지고 산승의 벼 이삭을 따는구나."
어떤 승려가 말하였다.
"여러 겁에도 이름이 없었는데 어째서 옛 거울이라 하십니까?"
대사가 말하였다.
"티가 생겼구나."
"말귀는 모르면서 왜 그리 성미는 급하십니까?"
"노승의 허물이구나."

민수(閩帥) 장군이 은교상(銀交床)을 시주하니, 어떤 승려가 물었다.
"화상은 대왕의 이와 같은 시주를 받으시고 무엇으로 보답하시렵니까?"

師乃打。普請往寺莊中路逢獼猴。師曰。這畜生一箇背一面古鏡摘山僧稻禾。僧曰。曠劫無名為什麼彰為古鏡。師曰。瑕生也。僧曰。有什麼死急。話頭也不識。師曰。老僧罪過。閩帥施銀交床。僧問。和尚受大王如此供養。將何報答。

대사가 손으로 땅을 치고 말하였다.
"조금이라도 나를 때려 봐라."[27]

승려가 물었다.
"비로자나를 모두 삼켰을 때에는 어떠합니까?"
대사가 말하였다.
"복당(福唐)이 수복되어서 평정은 잘 되었는가?"

대사가 대중에게 말하였다.
"내가 만일 이러쿵저러쿵 말을 하면 그대들은 말에서나 찾고 구절을 쫓겠지만, 내가 만일 영양(羚羊)이 뿔을 걸 듯하면[28] 그대들은 어느 곳을 향해 더듬겠는가?"[29]

師以手托地曰。少打我(僧問疎山曰。雪峯道少打我意作麼生。疎山云。頭上插瓜蘆垂尾脚跟齊)。問吞盡毘盧時如何。師曰。福唐歸得平善否。師謂眾曰。我若東道西道。汝則尋言逐句。我若羚羊掛角。汝向什麼處捫摸(僧問保福。只如雪峯有什麼言教。便以羚羊掛角時。保福云。莫是與雪峯作小師不得麼)。

---

27) 어떤 승려가 소산(疎山)에게 말하기를 "설봉이 '조금이라도 나를 때려 봐라.'고 한 뜻이 무엇입니까?" 하니, 소산이 말하기를 "머리 위에다 외꽃을 꽂아 꼬리를 드리우니 발꿈치에 가지런한다." 하였다. (원주)
28) 영양은 사자가 쫓아오면 앞으로 꼬부라져 있는 뿔을 나뭇가지에 걸고 허공에 매달린다. 그러면 사자는 영양이 갑자기 흔적도 없이 사라졌다고 여긴다.
29) 어떤 승려가 보복(保福)에게 말하기를 "설봉이 어째서 영양이 뿔을 거는 것에 견주어 가르쳤습니까?" 하니, 보복이 말하기를 "설봉이 작은 스승 노릇도 하지 못한 것 아닌가?" 하였다. (원주)

대사가 민천에 있기 40여 년 동안 학자들이 여름 겨울을 막론하고 천오백 명에서 줄지 않았다. 양(梁)의 개평(開平) 2년 무진(戊辰) 춘삼월에 병이 나니, 민수(閩帥)가 의원에게 진찰을 하라 하였다. 이에 대사가 말하였다.

"나는 병이 난 것이 아니오."

그리고는 끝내 약을 먹지 않고 게송을 남기어 법을 전하였다. 여름 5월 2일 아침에 쪽밭에 갔다가 저녁때에 돌아와 목욕을 하고 밤중에 입적하니, 수명은 87세이고, 법랍은 59세였다.

師住閩川四十餘年。學者冬夏不減千五百人。梁開平二年戊辰春三月示疾。閩帥命醫診視。師曰。吾非疾也。竟不服其藥。遺偈付法。夏五月二日朝遊藍田。暮歸澡身。中夜入滅。壽八十七。臘五十九。

토끼뿔

⊙ "머리를 깎고 염의를 입고 부처님의 은혜를 입었는데, 어째서 부처님을 알려는 것을 허락하지 않습니까?" 했을 때

대원은 세 방망이를 내렸으리라.

⊙ "어떤 것이 빤히 마주보는 일입니까?" 했을 때

대원은 "그대가 증명해 주어서 고맙다." 하리라

⊙ 서 전좌(栖典座)가 묻기를 "옛 사람이 이르기를 부처까지도 초월했다는 것마저 세우지 않는 일을 알아야 이야기를 나눌 수 있다 하였으니, 어떤 이야기입니까?" 하니, 대사가 꼭 붙들고 "말해 봐라, 말해 봐." 했을 때

대원은 "과연, 과연일세." 하고, 혹 "무엇을 보았기에 하는 말이냐?" 하면, 밀쳐 버리고 떨쳐 가버렸을 것이다.

∽ "그대가 전혀 긍정하지 않는다면, 만일 어떤 사람이 홀연히 물을 때 그대는 어떻게 대답하겠는가?" 했을 때

대원은 "하늘에는 해와 달이 같이 있고, 땅에는 앞산 뒷산이 같이 있소." 하고 조금 있다가, 발을 한 번 구르고 "험." 했을 것이다.

∽ "강서와 여기와는 거리가 얼마인가?" 했을 때

대원은 "번개 빛은 푸릅니다." 하리라

∽ "세상에 나신 뒤에는 어떠합니까?" 하자, 대사가 불자를 던지니, 그 승려가 절을 했는데

대원은 "무엇을 보았기에 절인가?" 해서 대답하는 것을 보아 끝까지 이끌었을 것이다.

복주(福州) 설봉(雪峯) 의존(義存) 선사

❀ "오래 솟던가, 잠시 솟던가?" 했을 때

대원은 "때로는 솟기도 하고, 때로는 솟지 않기도 합니다." 하리라.

❀ "내가 만일 이러쿵저러쿵 말을 하면 그대들은 말에서 찾고 구절을 쫓겠지만, 내가 만일 영양(羚羊)이 뿔을 걸 듯하면 그대들은 어느 곳을 향해 더듬겠는가?" 했을 때

대원은 소매를 날리며 떨쳐 가버렸을 것이다.

천태(天台) 서룡원(瑞龍院) 혜공(慧恭) 선사

혜공 선사는 복주(福州) 사람으로 성은 나(羅)씨이다. 집안이 대대로 유교여서 17세에 진사(進士) 과거길을 따라 서울로 갔는데, 종남산(終南山) 봉일사(奉日寺)에 갔다가 조사들의 초상을 보고 출가할 뜻을 내었다.

22세에 계를 받고 사방을 다니다가 덕산(德山) 선감(宣鑒) 선사를 뵈니, 선감이 물었다.

"알겠는가?"

혜공이 대답하였다.

"무엇을요?"

"서로 보자."

"아시겠습니까?"

선감이 깔깔 웃었다. 마침내 입실하여 선감이 세상을 떠난 뒤에 문인들과 함께 천태산의 서룡원에 가서 법석을 크게 열었다.

天台瑞龍院慧恭禪師。福州人也。姓羅氏。家世爲儒。年十七擧進士。隨計京師。因遊終南山奉日寺。覩祖師遺像。遂求出家。二十二受戒。遊方謁德山鑒禪師。鑒問曰。會麼。恭曰。作麼。鑒曰。請相見。恭曰。識麼。鑒大笑。遂入室焉。暨鑒順世。與門人之天台瑞龍院大開法席。

당의 천복(天復) 3년 계해(癸亥) 12월 2일 오시(午時)에 대중에게 종을 치라 하고 좌우를 돌아보면서 "간다." 하고, 말을 마치자 가부좌를 맺고 입멸하였다. 수명은 84세이고, 법랍은 62세였다. 문인들이 탑을 세웠다.

唐天復三年癸亥十二月二日午時命眾聲鍾。顧左右曰去。言訖跏趺而化。壽八十四。臘六十二。門人建塔。

 토끼뿔

좌우를 돌아보면서 "간다." 했는데

혜공의 가는 곳을 이르라면 무엇이라 하겠는가?

대원은 조금 있다 이르기를

"오월의 밀밭은 금빛이다." 하리라.

천주(泉州) 와관(瓦棺) 화상

와관 화상에게 덕산(德山)이 물었다.
"그대는 알겠는가?"
대사가 대답하였다.
"모릅니다."
"그대는 모른다고 하는 그것을 취해 이루어 지니는 것이 좋겠다."
"아는 것도 없는데 무엇을 이루어 지닌다는 것입니까?"
"그대는 큰 무쇠덩어리와 같구나."
대사는 옷을 단정히 하고 덕산에게 제자의 예를 하였다.

泉州瓦棺和尚。德山問曰。汝還會麼。師曰。不會。德山曰。汝成持[30]取箇不會好。師曰。不會又成持[31]箇什麼。德山曰。汝大似箇鐵橛[32]。師遂摳衣德山。

---

30) 持가 원나라본에는 褫로 되어 있다.
31) 持가 원나라본에는 褫로 되어 있다.
32) 汝大似箇鐵橛가 원나라본에는 汝似一團鐵으로 되어 있다.

토끼뿔

두 분이 만나 주고 받음이 마치 고수와 명창의 만남 같다.
"좋구나, 좋아."

양주(襄州) 고정(高亭) 간(簡) 선사

간(簡) 선사가 처음에 강 건너에 있는 덕산(德山)을 보고 멀리서 합장하고 큰 소리로 외쳐 말하였다.

"알 수 없습니다."

덕산이 손에 든 부채로 부르자, 대사가 홀연히 깨달아 옆 걸음으로 물러가서 다시는 돌아보지 않았다.

나중에 양주에서 법석을 열어 덕산의 대를 이었다.

襄州高亭簡禪師。初隔江見德山。遙合掌呼云。不審。德山以手中扇子招之。師忽開悟。乃橫趨而去。更不迴顧。後於襄州開法。嗣德山。

 토끼뿔

덕산은 부채로 불렀을 뿐인데, 간(簡) 스님은 어느 곳에서 깨달았을고?

(말없이 있다가)

"뛰는 물고기 은빛일세."

홍주(洪州) 대녕(大寧) 감담(感潭) 자국(資國) 화상

자국 화상에게 백조(白兆)가 물었다.
"집안에 초상이 났으니 화상께서 위로해 주십시오."
대사가 말하였다.
"괴롭고 슬프구나."
백조가 말하였다.
"아버지도 죽고 어머니도 죽었습니다."
대사가 때려서 내쫓았다. 대사는 대개 승려들이 오면 주장자로 때려서 쫓았다.

洪州大寧感潭資國和尚。白兆問。家內停喪請師慰問。師曰。苦痛蒼天。兆曰。死却爺死却孃。師打而趁之。師凡遇僧來。亦多以拄杖打趁。

 토끼뿔

"아버지도 죽고 어머니도 죽었습니다."했을 때

대원은 "그 시체들은 어디에 있느냐? 어디에 있어?"해서 대답하는 것을 보아서 이끌어 갔을 것이다.
"참!"

앞의 담주(潭州) 석상산(石霜山) 경제(慶諸) 선사의 법손

하중(河中) 남제산(南際山) 승일(僧一) 선사

승일 선사에게 어떤 승려가 물었다.
"모처럼 스님께 가까이 예배하게 되었으니, 스님께서 가리켜 보여 주십시오."
대사가 말하였다.
"내가 만일 가리켜 보인다면 그대를 모독하는 것이니라."
"학인이 어찌하여야 합니까?"
"옳으니 그르니를 모두 경계하라."

前潭州石霜山慶諸禪師法嗣。河中南際山僧一禪師。僧問。幸獲親近乞師指示。師曰。我若指示即屈著汝。僧曰。教學人作麼生即是。師曰。切忌是非。

"어떤 것이 납승(衲僧)의 호흡입니까?"
"일찍이 그대가 교화를 받아 감화된 바가 없는가?"

"종류는 묻지 않겠습니다. 어떤 것이 다른 것입니까?"
"머리가 필요하거든 마음대로 끊어 가라."

"어떤 것이 법신의 주인입니까?"
"지나온 적도 없다."
"어떤 것이 비로자나의 스승입니까?"
"초월할 것도 없다."

대사가 처음에는 말산(末山)에 살았는데 나중에 민수(閩帥) 장군이 법석을 열기를 청하여 장경(長慶)선원에서 마치니, 시호는 본정대사(本淨大師)이고, 탑호는 무진(無塵)이라 하였다.

問如何是衲僧氣息。師曰。還曾熏著汝也無。問類即不問如何是異。師曰。要頭即一任斫將去。問如何是法身主。師曰。不過來。又問。如何是毘盧師。師曰。不超越。師初居末山。後閩帥請開法於長慶禪苑卒。諡本淨大師。塔曰無塵。

토끼뿔

"어떤 것이 법신의 주인입니까?" 했을 때

대원은 "무엇으로 묻는가?" 하리라.

담주(潭州) 대광산(大光山) 거회(居誨) 선사

거회 선사는 경조(京兆) 사람으로 성은 왕(王)씨이다. 처음에 석상(石霜)에게 입실하여 강의하는 자리에서 묻고 배우며 2년을 지냈다. 또 북탑(北塔)을 지키도록 하니, 베옷과 짚신으로 자신의 몸과 뜻을 돌보지 않으면서 지냈다.
어느 날 석상이 그의 얻은 바를 시험하기 위하여 물었다.
"국가에서 매년 과거를 열어 급제를 시키니 조정에 가서 직책을 하나 받지 않겠는가?"
대사가 말하였다.
"벼슬자리에 나가려 하지 않는 사람도 있답니다."
"왜 그런가?"
"명예를 위하지 않기 때문이겠지요."

석상이 문병을 왔다가 물었다.

潭州大光山居誨禪師。京兆人也。姓王氏。初造於石霜之室。函丈請益經二載。又令主北塔。麻衣草履殆忘身意。一日石霜將試其所得。垂問曰。國家每年放舉人及第。朝門還得拜也無。師曰。有人不求進。曰憑何。師曰。且不為名。石霜又因疾問曰。

"오늘을 제외하고 따로 다시 시간이 있겠는가?"

대사가 말하였다.

"그에게는 오늘이란 말도 하지 않는 것이 옳겠군요."

석상이 참으로 그렇다고 여겼다. 이와 같이 묻기를 몇 차례 거듭했으나 어긋난 대답이 없었다. 20년 가까이 그 주변을 배회하던 차에 유양(瀏陽)의 신사(信士) 호공(胡公)이 대광산(大光山)에 살기를 청하니 거기서 종지를 크게 드날렸다.

어떤 승려가 물었다.

"달마 스님은 조사이십니까?"

대사가 말하였다.

"조사가 아니다."

"조사가 아니라면 무엇 하러 왔습니까?"

"그대가 조사로 추천하지 않기 때문이다."

"추천된 뒤에는 어떠합니까?"

除却今日別更有時也無。師曰。渠亦不道今日是。石霜甚然之。如是徵詰數四酬對無爽。盤桓二十餘祀。瀏陽信士胡公請居大光山提唱宗敎[33]。有僧問。只如達磨是祖否。師曰。不是祖。僧曰。旣不是祖又來作什麽。師曰。爲汝不薦祖。僧曰。薦後如何。

---

33) 敎가 송, 원나라본에는 致로 되어 있다.

대사가 말하였다.

"조사라고 할 것도 없는 줄을 비로소 알게 된다."

"혼돈하여 천지가 나뉘기 전에는 어떠합니까?"
"부처님의 일대시교(一代時敎)라고 하나 누구에게 펴겠느냐?"
대사는 이어 말하였다.

"일대시교라는 것은 다만 당대의 사람들을 거두기 위한 것이다. 설사 철저한 경지에 이르렀다 해도 다만 일을 마친 사람일 뿐이니 그대들이여, 누더기 밑의 일이랄 것도 없다. 그러므로 말하기를 49년 동안 설해도 다 밝히지 못했고, 49년 동안에도 표식을 세우지 못했다고 하였다."

무릇 학자들에게 보인 설법이 대략 이와 같았다. 당의 천복(天復) 3년 계해(癸亥) 9월 3일에 입적하니, 수명은 67세였다.

師曰。方知不是祖。問混沌未分時如何。師曰。一代時教阿誰敎。師又曰。一代時教只是收拾一代時人。直饒剝徹底。也只是成得箇了事人。汝不可便將當却衲衣下事。所以道四十九年明不盡。四十九年標不起。凡示學徒大要如此。唐天復三年癸亥九月三日歸寂。壽六十有七。

토끼뿔

∽ "달마 스님은 조사이십니까?" 했을 때

대원은 "백호니라." 하리라.

∽ "혼돈하여 천지가 나뉘기 전에는 어떠합니까?" 했을 때

대원은 쿵 하고 발을 한 번 굴렀을 것이다.

여산(廬山) 서현(棲賢) 회우(懷祐) 선사

회우 선사는 천주(泉州) 선유(僊遊) 사람이다. 구좌산(九座山)의 진(陳) 선사에게 배우다가 이어 참선 길을 찾아 석상에게 입실하여 현묘한 요지를 이어받고 사산(謝山)에 살았다.
그의 도가 널리 퍼지기 전에 다시 서현사(棲賢寺)로 옮기자 무리가 많이 모였다.
이에 어떤 승려가 물었다.
"어떤 것이 오로봉(五老峯) 앞의 구절입니까?"
대사가 말하였다.
"만고천추(萬古千秋)이니라."
"그러면 대가 끊어지지 않겠습니까?"
"누구에게 주기를 주저했다 하는가?"

廬山棲賢懷祐禪師。泉州僊遊人也。受業於九座山陳禪師。尋參學預石霜之室。旣承奧旨。居於謝山。其道未震。復遷止棲賢。徒侶臻萃。僧問。如何是五老峯前句。師曰。萬古千秋。僧曰。恁麼莫成嗣絕也無。師曰。躊躇欲與誰。

어떤 승려가 물었다.
"멀리서 왔으니 스님께서 깨우쳐 주십시오."
대사가 말하였다.
"때에 맞지 않는구나."
"스님께서 때에 맞추어 주십시오."
"나에게는 바뀌는 것이 없다."

"어떤 것이 이 법에 법이라는 차별마저 없는 것입니까?"
"눈 위에다 서리를 더하는구나."

대사가 나중에 여산에서 마치니, 시호는 현오 대사(玄悟大師)이고, 탑호는 전등(傳燈)이라 하였다.

僧問。自遠而來。請師激發。師曰。他[34]不憑時。曰請師憑時。師曰。我亦不換。問如何是法法無差。師曰。雪上更加霜。師後終於廬山。諡玄悟大師。塔曰傳燈。

---

34) 他가 송, 원나라본에는 也로 되어 있다.

 토끼뿔

"어떤 것이 오로봉(五老峯) 앞의 구절입니까?" 했을 때

대원은 "잘 보라." 하리라.

균주(筠州) 구봉(九峯) 도건(道虔) 선사

도건 선사는 복주(福州) 후관(侯官) 사람으로 성은 유(劉)씨이다. 법회(法會)에 두루 다니다가 나중에 석상의 인가(印可)를 받고 구봉에서 무리를 교화하였다.

대사가 상당하였을 때에 어떤 승려가 물었다.

"무간지옥의 사람은 어떤 행을 합니까?"

대사가 말하였다.

"축생의 행을 한다."

"축생은 또 어떤 행을 합니까?"

"무간지옥의 행을 한다."

"그것은 마치 항상 길에서 사는 사람 같겠습니다."

"그렇지만 목숨을 함께 하지 않는 이가 있음을 알아야 한다."

승려가 말하였다.

"무엇이 목숨을 함께 하지 않는 것입니까?"

筠州九峯道虔禪師。福州侯官人也。姓劉氏。遍歷法會。後受石霜印記。化徒於九峯焉。師上堂有僧問。無間中人行什麼行。師曰。畜生行。曰畜生復行什麼行。師曰。無間行。曰此猶是長生路上人。師曰。汝須知有不共命者。曰不共什麼命。

대사가 말하였다.

"오래 살면 기운이 항상 하지 못하다."

대사가 또 말하였다.

"여러 형제들은 목숨을 알겠는가? 목숨을 알고자 한다면 흐르는 샘이 이 목숨이요, 맑고 고요함이 이 몸이다. 천 물결이 다투어 솟음이 이 문수의 경계요, 맑은 하늘과 하나로 통한 것이 이 보현의 평상(平牀)이다.

그 다음에 한 구절을 빌리는 것은 이 달을 가리키는 것이요, 그 안의 일은 달을 말하는 것이니, 위로부터의 온갖 종문의 일은 절도사(節度使)의 신호 깃발과 같다. 그렇다면 제방의 선덕들이 가리켜 베풀기 전에 허다한 명목도 세우지 않았을 때, 여러 형제들은 어떠한 몸과 법도로 헤아리겠는가?

여기에 이르러서는 혀를 빌리지 않고 알아야 하고, 귀를 빌리지 않고 들어야 하며, 눈을 빌리지 않고 명백히 봐야 한다.

師曰。長生氣不常。師又曰。諸兄弟還識得命麼。欲知命流泉是命。湛寂是身。千波競涌是文殊境界。一亘晴空是普賢床榻。其次借一句子是指月。於中事是話月。從上宗門中事如節度使信旗。且如諸方先德未建許多名目指陳已前。諸兄弟約什麼體格商量。到這裏。不假三寸試話會看。不假耳根試采聽看。不假眼試辨白看。

그러므로 말하기를 소리 이전이어서 던져도 나온 것이 없고, 구절 뒤에도 감출 형상이 없다고 하였다.

하늘과 땅이 온통 그대들의 본체인데 어디에다 눈과 귀와 코와 혀를 붙이려 하는가? 뜻으로 알음알이를 지으려고 하지 말라. 영원히 쉴 겨를이 없으리라.

그러므로 옛사람이 말하기를 '마음과 뜻을 가지고 현묘한 종지를 배우려 하면 마치 서쪽으로 가려는 이가 동쪽을 향한 것 같다.'라고 하였다."

이때에 어떤 승려가 물었다.

"구중궁궐에서 소식이 없는데 은사(恩赦)[35]가 어찌 전해 오겠습니까?"

대사가 말하였다.

"햇빛이 아무리 두루하지만 문지방 안은 비추지 못한다."

"햇빛과 문지방 안의 거리가 얼마나 됩니까?"

"푸른 물에 파도가 일고 청산의 빛이 아름답구나."

所以道聲前抛不出。句後不藏形。盡乾坤都來是汝當人箇體。向什麼處安眼耳鼻舌。莫但向意根下圖度作解。盡未來際亦未有休歇分。所以古人道。擬將心意學玄宗。狀似西行却向東。時有僧問。九重無信恩赦何來。師曰。流光雖遍閫內不周。日流光與閫內相去多少。師曰。渌水騰波青山秀色。

---

35) 은사(恩赦) : 나라에 경사가 있을 때 죄인을 풀어 주는 일.

"사람마다 모두 가르쳐 달라 하면, 스님은 무엇으로 구제하시렵니까?"

"그대는 지금 큰 봉우리에 한 줌 흙이 모자란다는 것인가?"

"그러면 사방에서 배우러 온 이들이 무슨 일을 해야 합니까?"

"연야달다(演若達多)[36]가 머리를 잃었다 한 것은 스스로의 마음이 미쳤기 때문이다."

"아직도 미치지 않은 이가 있겠습니까?"

"있다."

"어떤 것이 미치지 않은 사람입니까?"

"돌연 새벽길을 가는 중에도 눈 뜰 것도 없다."

"어떤 것이 학인 자신입니까?"

"다시 누구에게 물으려는가?"

"이렇게 알아들을 때에는 어떠합니까?"

問人人盡言請益。未審師將何拯濟。師曰。汝道巨嶽還曾乏寸土也無。曰恁麼即四海參尋當為何事。師曰。演若迷頭心自狂。曰還有不狂者也無。師曰有。曰如何是不狂者。師曰。突曉途中眼不開。問如何是學人自己。師曰。更問阿誰。曰恁麼便承當時如何。

---

36) 연야달다(演若達多) : 거울을 통해서 눈을 보던 연야달다는 거울 없이 눈을 보려 하다가 눈을 볼 수 없자 미쳐 달아났다.

"수미산 위에 다시 수미산을 얹은 것이다."

"조사에서 조사로 잇달아 전했다 하는데, 무슨 법을 전했습니까?"
"석가는 인색한데 가섭은 후덕했다."
"구경에 전한 일이 무엇입니까?"
"백세 노인이 밤 등잔을 나누어 켠다."

"모두가 부처라 해도 나의 도가 아니니, 어떤 것이 나의 도입니까?"
"나의 도는 모두가 부처랄 것도 없다."
"이미 모두가 부처라고도 할 것이 없다면, 무엇하려고 나의 도라는 말은 세웠습니까?"
"아까는 불러들이더니, 이제는 다시 쫓아내는구나."
"어쨌기에 쫓아냈다 하십니까?"
"만약 쫓아낸 바 없다고 해도 눈에 티가 생긴 것이니라."

師曰。須彌還更戴須彌麼。問祖祖相傳復傳何法。師曰。釋迦慳迦葉富。曰畢竟傳底事作麼生。師曰。百歲老人分夜燈。問諸佛非我道。如何是我道。師曰。我道非諸佛。曰既非諸佛。為什麼却立我道。師曰。適來暫喚來。如今却遣出。曰為什麼却遣出。師曰。若不遣出眼裏塵生。

"모든 곳에서 찾을 수 없으니, 어찌 성인이 아니겠습니까?"

"무엇을 성인이라 하느냐?"

"우두(牛頭)가 4조를 만나기 전에 어찌 성인이 아니었겠습니까?"

"그것은 성인이라는 경계를 잊지 못한 것이었다."

"두 성인의 거리가 얼마입니까?"

"티끌 속에서는 비록 몸을 숨기는 요술이 있지만, 서울에 들어가 온통인 몸인데야 어찌하겠는가?"

"듣건대 옛사람이 참 마음과 허망한 마음을 말했다는데, 어떤 것입니까?"

"참을 세워서 허망함의 존재를 드러낸 것이다."

"어떤 것이 참 마음입니까?"

"잡식(雜食)을 하지 않는다."

"어떤 것이 허망한 마음입니까?"

　　問一切處覓不得。豈不是聖。師曰。是什麼聖。曰牛頭未見四祖時豈不是聖。師曰。是聖境未忘。曰二聖相去幾何。師曰。塵中雖有隱形術。爭奈全身入帝鄉。問承古有言眞心妄心是如何。師曰。是立眞顯妄。曰如何是眞心。師曰。不雜食。曰如何是妄心。

"반연(攀緣)³⁷⁾이 일어났다 사라졌다 하는 것이다."
"이 두 길을 여의어서 어떤 것이 학인의 본래의 몸입니까?"
"본래의 몸에는 여윌 것이 없다."
"어째서 여윌 것이 없습니까?"
"공덕천(功德天)³⁸⁾도 공경하지 않거늘 누가 흑암녀(黑暗女)³⁹⁾를 미워하겠는가?"

"옛부터 말하기를 하늘과 땅이 온통 눈이라 했는데, 어떤 것이 하늘과 땅이 온통인 눈입니까?"
"하늘과 땅도 그 속에 있다."
"하늘과 땅이 온통인 눈이 어디에 있습니까?"
"바로 이것이 하늘과 땅이 온통인 눈이다."
"돌이켜 비추어볼 수가 있습니까?"

師曰。攀緣起倒是。曰離此二途如何是學人本體。師曰。本體不離。曰爲什麼不離。師曰。不敬功德天。誰嫌黑暗女。問承古有言盡乾坤都來是箇眼。如何是乾坤眼。師曰。乾坤在裏許。曰乾坤眼何在。師曰。正是乾坤眼。曰還照矚也無。

---

37) 반연(攀緣) : 경계에 의하여 생기는 모든 생각.
38) 공덕천(功德天) : 복덕을 주는 여신.
39) 흑암녀(黑暗女) : 공덕천의 여동생으로 공덕천과 항상 함께 다니며 이르는 곳마다 재앙을 가져다 주는 여신.

"세 가지 광명의 힘은 빌리는 것도 아니다."

"세 가지 광명의 힘은 빌리는 것도 아니라면, 무엇에 의하여 하늘과 땅이 온통인 눈이라 말하겠습니까?"

"만일 이러-하지 못하면 해골 앞에서 무수한 귀신을 보리라."

"붓 한 자루로 단청도 하는데, 어째서 초상은 그리지 못한다고 했습니까?"

"승요(僧繇)40)를 지공(誌公)이 허락했다."

"승요는 누구의 뜻을 증득했기에 지공이 허락했습니까?"

"검은 거북이가 수미(須彌)의 기둥에다 절을 한다."

"움직일 때마다 옛길이어서 몸이 없음을 안다 하니, 이 뜻이 어떠합니까?"

"부처님의 돈을 훔쳐서 부처님의 향을 산다."

師曰。不借三光勢。曰旣不借三光勢。憑何喚作乾坤眼。師曰。若不如是髑髏前見鬼人無數。問一筆丹靑爲什麼貌不得。師曰。僧繇却許誌公。曰未審僧繇得什麼人證旨却許誌公。師曰。烏龜稽首須彌柱。問動容沈古路。身沒乃方知。此意如何。師曰。偸佛錢買佛香。

---

40) 승요(僧繇) : 남조 양무제 때 인물로 신기를 가진 화가인데, 특히 초상화에 능하였다. 양무제가 승요에게 지공 화상의 초상화를 그리게 하였으나 아무리 해도 그릴 수가 없었다. 지공이 십일면관음으로 모습을 나타냈지만 승요는 끝내 그 모습을 그리지 못하였다.

"학인은 알지 못하겠습니다."
"모르겠거든 향을 피우고 본래의 부모님께 공양하라."

대사가 나중에 늑담에 살다가 임종하니, 시호는 대각 선사(大覺禪師)이고, 탑호는 원적(圓寂)이라 하였다.

曰學人不會。師曰。不會即燒香供養本爺孃。師後住泐潭而終。諡大覺禪師。塔曰圓寂。

 토끼뿔

∽ "어떤 것이 참 마음입니까?" 했을 때

대원은 "참 마음이다." 하리라.

∽ "어떤 것이 허망한 마음입니까?" 했을 때

대원은 "그러한 마음이니라." 하리라.

태주(台州) 용천(涌泉) 경흔(景欣) 선사

경흔 선사는 천주(泉州) 선유(僊遊) 사람이었는데 본래 백운산(白雲山)에서 수행을 하다가 석상(石霜)의 열어 보임에 깨닫고, 단구(丹丘)의 용천사에서 살았다.

어느 날 대사가 가사를 입지 않고 밥을 먹으니, 어떤 승려가 물었다.

"속되지 않아야 하지 않겠습니까?"

대사가 말하였다.

"지금 어찌 이를 승려라곤들 하랴."

강(彊)과 덕(德)이라는 두 선객이 오다가 길에서 대사가 소를 타고 가는 것을 보고도 대사를 알아보지 못하고 중얼거렸다.

"뿔과 발톱은 매우 분명하지만 타고 있는 이가 모르니, 어찌하랴."

台州涌泉景欣禪師。泉州僊遊人也。本白雲山受業。得石霜開示而止丹丘涌泉之蘭若。一日師不披袈裟喫飯。有僧問莫成俗否。師曰。即今豈是僧耶。有彊德二禪客到。於路次見師騎牛。不識師乃曰。蹄角甚分明。爭奈騎者不識。

대사가 소를 다그쳐 몰고 스쳐가 버렸다. 두 선객은 어느 정자나무 밑에 쉬면서 차를 다렸다. 대사가 되돌아오다가 소에서 내려 두 선객에게 인사를 건네고 같이 앉아 차를 마시다가 물었다.

"두 선객은 요사이 어디서 떠났는가?"

"저쪽에서 떠났소."

"저쪽 일이 어떠하던가?"

그가 찻잔을 번쩍 드니, 대사가 말하였다.

"그것 역시 이쪽이다. 저쪽 일은 어떤가?"

두 선객이 대답이 없었다. 이에 대사가 말하였다.

"소를 탄 사람이 모른다고 하지 말았어야 했다."

師驟牛而去。二禪客憩於樹下煎茶。師迴下牛近前不審與坐喫茶。師問曰。二禪客近離什麽處。曰離那邊。師曰。那邊事作麽生。彼提起茶盞。師曰。此猶是這邊。那邊事作麽生。二人無對。師曰。莫道騎者不識好。

토끼뿔

"그것 역시 이쪽이다. 저쪽 일은 어떤가?" 했을 때

대원은 차를 단숨에 마셨을 것이다.
"험."

담주(潭州) 운개산(雲蓋山) 지원(志元) 대사

지원 대사의 호는 원정(圓淨)이다.
대사가 제방으로 행각을 할 때에 운거(雲居)에게 물었다.
"지원이 어쩔 수 없을 때에는 어떻게 합니까?"
운거가 말하였다.
"다만 그대의 공력이 미치지 못하는 곳이라 할 뿐이다."
대사가 절도 하지 않고 물러나서 석상(石霜)에게 가서도 앞에서 말한 바와 같이 물으니, 석상이 말하였다.
"그대뿐만 아니라 나도 어쩔 수 없다."
"화상이시거늘 왜 어쩔 수 없습니까?"
"내가 만일 어쩔 수 있다면 그대의 어쩔 수 없다고 한 허물을 잡아냈을 것이다."[41]

潭州雲蓋山志元號圓淨大師。遊方時。問雲居曰。志元不奈何時如何。雲居曰。只為闍梨功力不到處。師不禮拜而退。遂參石霜。亦如前問。石霜曰。非但闍梨老僧亦不奈何。師曰。和尚為什麼不奈何。石霜曰。老僧若奈何拈過汝不奈何(別有問答。石霜章出之)。

---

41) 그밖에도 문답이 있는데 석상장에 서술되어 있다. (원주)

어떤 승려가 물었다.
"어떤 것이 부처입니까?"
대사가 말하였다.
"누런 얼굴이 이것이니라."
"어떤 것이 법입니까?"
"대장경 안에 있는 것이다."

"연등 부처님이 세상에 나시기 전에는 어떠하였습니까?"
"어둠이랄 것도 없다."

"뱀이 어찌하여 도룡뇽을 삼킵니까?"
"온통 몸이니 색(色)과 같다고도 말라."

"어떤 것이 납승입니까?"
"선지식을 찾아서 도를 묻는다."

有僧問。如何是佛。師曰。黃面底是。曰如何是法。師曰。藏裏是。問然燈未出時如何。師曰。昧不得。問蛇子為什麼吞蛇師。師曰。通身色不同。問如何是衲僧。師曰。參尋訪道。

 토끼뿔

◌ "화상이시거늘 왜 어쩔 수 없습니까?" 했을 때

대원은 "어쩔 수 있다면 혹에다 혹을 더한 것이니라." 하리라.

◌ "어떤 것이 납승입니까?" 했을 때

대원은 한 대 때렸으리라.
"험."

담주(潭州) 곡산(谷山) 장(藏) 선사

장(藏) 선사에게 어떤 승려가 물었다.
"조사의 뜻과 교리의 뜻이 같습니까, 다릅니까?"
대사가 말하였다.
"푸른 하늘에 밝은 해요, 한밤중의 진한 서리니라."

潭州谷山藏禪師。僧問。祖意教意是一是二。師曰。青天白日夜半濃霜。

 토끼뿔

"조사의 뜻과 교리의 뜻이 같습니까, 다릅니까?" 했을 때

대원은 "그대의 물음에 응대함은 교리요, 조사의 뜻은 응대하기 전이니라." 하리라.

복주(福州) 복선산(覆船山) 홍천(洪荐) 선사

홍천 선사에게 어떤 승려가 물었다.
"어떤 것이 본래의 면목입니까?"
대사가 눈을 감고 혀를 내밀었다가, 다시 눈을 뜨고 혀를 내밀었다. 이에 승려가 말하였다.
"본래부터 그렇게 많은 면목이 있습니까?"
"여지껏 무엇을 보았는가?"

"길에서 도를 아는 사람을 만나면 말이나 침묵으로 대하지 않는다 하니, 무엇으로 대해야 합니까?"
"나도 이러-할 뿐이다."

대사가 입멸하기 3일 전에 시자를 시켜 제1좌를 불러오게 하였다.

福州覆船山洪荐禪師。僧問。如何是本來面目。師閉目吐舌。又開目吐舌。僧曰。本來有如許多面目。師曰。適來見什麼。問路逢達道人不將語默對。未審將什麼對。師曰。老僧也恁麼。師將示滅三日前。令侍者喚第一座來。

대사가 누워서 방귀를 한 방 뀌니, 제1좌가 시자를 불러 말하였다.

"화상께서 목이 말라 물을 마시겠다 하신다."

그러자 대사가 벽을 향해 누웠다.

대사가 임종하면서 대중을 모으게 하고는 두 손을 펴고 혀를 내어 보이니, 제3좌가 말하였다.

"여러분, 화상의 혀가 굳어집니다."

이에 대사가 말하였다.

"괴롭다, 괴로워. 정말로 제3좌의 말과 같이 혀가 굳어져 가는구나."

이렇게 두 번 말하고 입적하니, 시호는 소륭 대사(紹隆大師)이고 탑호는 광제(廣濟)라고 하였다.

師臥出氣一聲。第一座喚侍者曰。和尚渴要湯水喫。師乃面壁而臥。臨終令集眾。乃展兩手出舌示之。時第三座曰。諸人和尚舌根硬也。師曰。苦哉苦哉。誠如第三座所言。舌根硬去也。再言之而告寂。諡紹隆大師。塔曰廣濟。

 토끼뿔

"어떤 것이 본래의 면목입니까?" 했을 때

대원은 "초목들도 일러 보인 것을 나에게 묻는단 말인가?" 하리라.

낭주(朗州) 덕산(德山) 존덕(存德) 대사(제6세 주지)

존덕 대사의 호는 혜공(慧空)이다.
어떤 승려가 물었다.
"어떤 것이 일구(一句)입니까?"
대사가 말하였다.
"다시 물어라."

"어떤 것이 화상의 선타바(僊陀婆)[42]입니까?"
"지난밤 삼경에 밝은 달을 보았다."

朗州德山存德號慧空大師(第六世住)。僧問。如何是一句。師曰。更請問。問如何是和尚僊陀婆。師曰。昨夜三更見月明。

---

42) 선타바(僊陀婆) : 소금, 그릇, 물, 말(馬)의 네 가지 의미를 담고 있는 말로, 열반경의 일화에 어떤 왕이 선타바를 명하면 오직 한 대신만이 때에 맞추어 판단하여 알맞게 대령했다고 한다. 이처럼 상황에 맞춰 잘 응하는 지혜로운 이를 비유할 때 쓰인다.

 토끼뿔

"어떤 것이 일구(一句)입니까?" 했을 때

대원은 "누가 물었느냐?" 하리라.

길주(吉州) 숭은(崇恩) 화상

숭은 화상에게 어떤 승려가 물었다.
"조사의 뜻과 교리의 뜻이 같습니까, 다릅니까?"
대사가 말하였다.
"소림에는 달이 있지만 총령(葱嶺)의 구름을 뚫지 못했다."

吉州崇恩和尚。僧問。祖意教意是一是二。師曰。少林雖有月。葱嶺不穿雲。

 토끼뿔

"조사의 뜻과 교리의 뜻이 같습니까, 다릅니까?" 했을 때

대원은 "그대 같은 이가 있기에 있는 말들이니라." 하고 "악" 했을 것이다.

석상(石霜) 휘(輝) 선사(제3세 주지)

휘(輝) 선사에게 어떤 승려가 물었다.
"부처님께서는 세상에 나오셔서 먼저 다섯을 제도하셨는데, 화상께서는 세상에 나오셔서 누구를 먼저 제도하셨습니까?"
대사가 말하였다.
"전혀 제도한 적도 없다."
"어째서 제도한 적도 없습니까?"
"그에게는 다섯을 제도했다는 것마저도 없기 때문이다."

"어떤 것이 화상의 가풍입니까?"
"대젓가락과 질그릇이니라."

石霜輝禪師(第三世住)。僧問。佛出世先度五俱輪。和尚出世先度何人。師曰。總不度。曰為什麼不度。師曰。為伊不是五俱輪。問如何是和尚家風。師曰。竹筋瓦椀。

 토끼뿔

"부처님께서는 세상에 나오셔서 먼저 다섯을 제도하셨는데, 화상께서는 세상에 나오셔서 누구를 먼저 제도하셨습니까?" 했을 때

대원은 "없다는 말까지도 할 수 없다." 했을 것이다.
"참."

영주(郢州) 파초(芭蕉) 화상

파초 화상에게 어떤 승려가 물었다.
"위로부터의 종승을 어떻게 드러냈습니까?"
대사가 말하였다.
"찬 눈빛의 사람에게 이미 들켰다."

"모든 인연에 떨어지지 않고 청컨대 대사께서 바로 가리켜 보여 주십시오."
"물음이 있으면 대답이 있다."

"어떤 것이 화상께서 사람에게 보여 주시는 한 구절입니까?"
"그대가 묻지 않을까 걱정했었다."

郢州芭蕉和尚。僧問。從上宗乘如何舉唱。師曰。已被冷眼人覷破了。問不落諸緣。請師直指。師曰。有問有答。問如何是和尚為人一句。師曰。只恐闍梨不問。

토끼뿔

"위로부터의 종승을 어떻게 드러냈습니까?" 했을 때

대원은 "종승을 드러내지 않는 것이 없거늘 묻고 다닌다는 말인가?" 하고, 할을 했을 것이다.

담주(潭州) 비전(肥田) 혜각(慧覺) 복(伏) 화상

복(伏) 화상에게 어떤 승려가 물었다.
"이 지방의 이름이 무엇입니까?"
대사가 말하였다.
"비전(肥田)이니라."
"마땅히 어떻게 해야 하겠습니까?"
대사가 주장자로 때려서 쫓았다.

潭州肥田伏和尙號慧覺大師。僧問。此地名什麽。師曰。肥田。曰宜什麽。師以拄杖打而趁之。

토끼뿔

"마땅히 어떻게 해야 하겠습니까?" 했을 때

대원은 "뜰 앞에 나무가 나 먼저 일러 주던데 잘 보았는가?" 하리라.

담주(潭州) 녹원(鹿苑) 휘(暉) 선사

휘(暉) 선사에게 어떤 승려가 물었다.
"온갖 인연을 빌리지 말고 말씀해 주십시오."
대사가 화로를 두드렸다. 이에 승려가 말하였다.
"친절한 곳을 다시 한마디 말씀해 주십시오."
"잠꼬대를 말라."

"우두가 4조를 보기 전에는 어떠하였습니까?"
"달이 물에 있는 것 같다."
"본 후에는 어떠하였습니까?"
"물이 달에 있는 것 같다."

"조사와 조사가 서로 전했다 하는데, 무엇을 전했습니까?"
"그대가 나에게 물었는데 나는 그대에게 묻는다."

潭州鹿苑暉禪師。僧問。不假諸緣請僧道。師敲火爐。僧曰。親切處更請一言。師曰。莫睡語。問牛頭未見四祖時如何。師曰。如月在水。曰見後如何。師曰。如水在月。問祖祖相傳未審傳箇什麼。師曰。汝問我我問汝。

승려가 말하였다.

"그러면 승속을 분별하지 못하겠습니다."

대사가 말하였다.

"어디를 갔다 왔는가?"

僧曰。恁麼即緇素不分也。師曰。什麼處去來。

 토끼뿔

"온갖 인연을 빌리지 말고 말씀해 주십시오."했을 때

　대원은 "어찌 보았기에 인연을 빌려 말해 달라는 것인가?" 하리라.
　"험."

담주(潭州) 보개(寶蓋) 약(約) 선사

약(約) 선사에게 어떤 승려가 물었다.
"보개(寶蓋)[43]가 높고 높이 걸려 있는데 그 안의 일이 어떠합니까? 스님께 언하의 종지인 일구(一句)를 청합니다."
대사가 말하였다.
"보개가 공중에 매달린 것이어서 길로 통하는 것이 아니니, 만일 말에서 뜻을 구하면 문득 동쪽과 서쪽이 있게 되느니라."

潭州寶蓋約禪師。僧問。寶蓋高高掛。其中事若何。請師言下旨。一句不消多。師曰。寶蓋掛空中。有路不曾通。儻求言下旨。便是有西東。

---

43) 보개(寶蓋) : 탑에서 보륜(寶輪) 위에 덮개 모양을 이루고 있는 부분, 또는 보배 구슬 따위로 장식된 천개(天蓋).

 토끼뿔

"스님께 언하의 종지인 일구(一句)를 청합니다." 했을 때

대원은 "일구로 일구를 묻는 자를 보는구나." 하리라.

월주(越州) 운문산(雲門山) 증미사(拯迷寺) 해안(海晏) 선사

해안 선사에게 어떤 승려가 물었다.
"어떤 것이 법복 밑의 일입니까?"
대사가 말하였다.
"마치 사람이 굳은 돌을 씹는 것 같다."

"어떤 것이 옛 절의 온통인 화로의 향기입니까?"
"광대하여서 냄새 맡는 이가 없다."
"어떻게 해야 냄새를 맡을 수 있습니까?"
"육근이 모두 이르지 못한다."

"오랫동안 미혹한 이를 제도한다는 소문을 들었는데, 이제 와서 뵙건만 왜 제도해 주시지 않습니까?"
"그대는 미혹한 이를 제도하는 것을 알지 못하는구나."

越州雲門山拯迷寺海晏禪師。僧問。如何是衲衣下事。師曰。如人齩硬石頭。問如何是古寺一爐香。師曰。廣大勿人嗅。曰嗅者如何。師曰。六根俱不到。問久嚮拯迷。到來爲什麼不見拯迷。師曰。闍梨不識拯迷。

 토끼뿔

"오랫동안 미혹한 이를 제도한다는 소문을 들었는데, 이제 와서 뵙건만 왜 제도해 주시지 않습니까?" 했을 때

대원은 "그대는 눈이 있어도 보지 못하고, 귀가 있어도 듣지 못하는구나. 어느 한 순간도 이르고 보이지 않은 적이 없다." 하리라.

호남(湖南) 문수(文殊) 화상

문수 화상에게 어떤 승려가 물었다.
"승요(僧繇)는 왜 지공(誌公)의 초상을 그리지 못했습니까?"
대사가 말하였다.
"비단 승요뿐 아니라 지공도 그리지 못한다."
"지공이 왜 그리지 못합니까?"
"채색과 비단도 가지고 오지 않았기 때문이다."
"화상께서는 그리실 수 있습니까?"
"나도 그릴 수 없다."
"화상은 어째서 그리지 못하십니까?"
"나도 얼굴빛이랄 것이 없는데 그이겠느냐? 어찌 난들 그리겠느냐?"

"어떤 것이 비밀한 방입니까?"

湖南文殊和尚。僧問。僧繇爲什麼貌誌公不得。師曰。非但僧繇。誌公也貌不成。曰誌公爲什麼貌不成。師曰。彩繢不將來。曰和尚還貌得也無。師曰。我亦貌不得。曰和尚爲什麼貌不得。師曰。渠不以苟我顏色。教我作麼生貌。問如何是密室。

"견고해서 나갈 수 없다."
"어떤 것이 비밀한 방 안의 사람입니까?"
"올라 앉을 소[牛]도 없다."

師曰。緊不就。曰如何是密室中人。師曰。不坐上牛。

 토끼뿔

"지공이 왜 그리지 못합니까?" 했을 때

대원은 "처마 끝에 참새도 이른다." 하리라.

봉상부(鳳翔府) 석주(石柱) 화상

석주 화상이 제방으로 교화를 다닐 때에 동산(洞山) 화상[44]이 이렇게 법문하는 것을 보았다.

"네 종류의 사람이 있으니, 한 종류의 사람은 설하되 불조를 초월해서 한 걸음도 행함이 없고, 한 종류의 사람은 행하되 불조를 초월해서 한 구절도 설함이 없다. 한 종류의 사람은 설하기도 하고 행하기도 하고, 한 종류의 사람은 설할 것도 행할 것도 없다. 어떤 이가 그 사람이겠는가?"

대사가 무리에서 나서서 대답하였다.

"한 종류의 사람이 설하되 불조를 초월해서 한 걸음도 행함이 없다는 것은 혀가 없기에 행이라 허락할 것도 없음이고, 한 종류의 사람이 행하되 불조를 초월해서 한 구절도 설함이 없다는 것은 발이 없기에 설함을 허락할 것도 없음이다.

鳳翔府石柱和尚。遊方時遇洞山和尚(第三世)垂語曰。有四種人。一人說過佛祖一步行不得。一人行過祖佛一句說不得。一人說得行得。一人說不得行不得。阿那箇是其人。師出眾而對曰。一人說過祖佛行不得者。只是無舌不許行。一人行過祖佛一句說不得者。只是無足不許說。

---

44) 제3세. (원주)

한 종류의 사람이 설하기도 행하기도 한다는 것은 함지와 뚜껑이 맞는 것이고, 한 종류의 사람은 설할 것도 행할 것도 없거늘 목숨을 끊고 삶이나 구걸하겠느냐? 이는 석녀(石女)에게 칼을 씌우고 족쇄를 채운 짓이다."

동산이 말하였다.

"그대 자신은 어찌 되었는가?"

대사가 말하였다.

"두루 통한 회상이라, 어찌 뛰어나게 드러낼 것인들 있겠습니까?"

"만일 바다 위에 뛰어난 명공(明公)[45]과 같다면 어떻겠는가?"

"환인(幻人)[46]이 서로 만나 손뼉을 치면서 깔깔 웃습니다."

一人說得行得者。即是函蓋相稱。一人說不得行不得。若斷命而求活。此是石女披枷帶鎖。洞山曰。闍梨自己作麼生。師曰。該通會上卓卓寧彰。洞山曰。只如海上明公秀又作麼生。師曰。幻人相逢拊掌呵呵。

---

45) 명공(明公) : 높은 자리에 있는 사람의 존칭.
46) 환인(幻人) : 절대의 경지에서 나툰 몸.

토끼뿔

"만일 바다 위에 뛰어난 명공(明公)과 같다면 어떻겠는가?"했을 때

대원은 "한산이 습득을 만난 웃음밭이겠습니다." 하리라.

담주(潭州) 중운(中雲) 개(蓋) 화상

개(蓋) 화상에게 어떤 승려가 물었다.
"화상께서 법당을 여셨으니, 무슨 일을 하시렵니까?"
대사가 말하였다.
"당나귀 같은 그대를 위해서다."
"모든 부처님들이 세상에 나셔서는 무슨 일을 하셨습니까?"
"당나귀 같은 그대를 위하듯이다."

"불조가 세상에 나시기 전에는 어떠합니까?"
"형상을 얻을 수 없다."
"세상에 나신 뒤에는 어떠합니까?"
"그대도 마땅히 외면해야 할 것이다."

潭州中雲蓋和尚。僧問。和尚開堂當為何事。師曰。為汝驢漢。曰諸佛出世當為何事。師曰。為汝驢漢。問祖佛未出世時如何。師曰。像不得。曰出世後如何。師曰。闍梨也須側身始得。

"어떤 것이 일체를 초월했다는 것마저 세우지 않는 한 구절입니까?"
"문수도 입을 잃는다."
"어떤 것이 문턱의 한 구절입니까?"
"머리에 꽃송이를 꽂았다."

"어떤 것이 백억(百億)을 초월하는 것입니까?"
"초월한 사람이라 하더라도 긍정할 수 없다."

問如何是向上一句。師曰。文殊失却口。曰如何是門頭一句。師曰。頭上揷花子。問如何是超百億。師曰。超人不得肯。

 토끼뿔

༄ "화상께서 법당을 여셨으니 무슨 일을 하시렵니까?" 했을 때

대원은 "너 같은 놈을 기다린다." 하고, 한 대 때렸을 것이다.

༄ "불조가 세상에 나시기 전에는 어떠합니까?" 했을 때

대원은 할을 했을 것이다.

༄ "세상에 나신 뒤에는 어떠합니까?" 했을 때

대원은 "이보다 더한 대답할 이 어디 있겠느냐?" 하리라.

༄ "어떤 것이 일체를 초월했다는 것마저 세우지 않는 한 구절입니까?" 했을 때

대원은 "그 아닌 한 구절을 대봐라." 하리라.

하중부(河中府) 서암산(棲巖山) 대통원(大通院) 존수(存壽) 선사

존수 선사가 어떤 사람인지는 모르나 성은 매(梅)씨이다. 처음에는 경론을 강의하다가 나중에 석상(石霜)에게 입실하고, 인연 따라 교화를 다니다가 포판(蒲坂)에 다다르니, 승속이 마음을 기울여 귀의하였다.

어떤 승려가 물었다.

"연꽃이 물에서 나오기 전에는 어떠합니까?"

대사가 말하였다.

"그대는 물 밖에 나온 뒤의 연꽃을 묻는 것이 아닌가?"

승려가 대답이 없었다.

대사는 평상시에는 말이 드물었지만 묻는 이가 있으면 곧 대답하니, 제도한 제자가 사백 명이고, 비구니가 백여 명이었다. 수명은 93세이고, 시호는 진적 대사(眞寂大師)였다.

河中府棲巖山大通院存壽禪師。不如何許人也。姓梅氏。初講經論後入石霜之室。隨緣誘化抵於蒲坂。緇素歸心。僧問。蓮華未出水時如何。師曰。汝莫問出水後蓮華事麼。僧無語。師平居罕言叩之則應。度弟子四百人。尼眾百數。終壽九十有三。諡真寂大師。

토끼뿔

"연꽃이 물에서 나오기 전에는 어떠합니까?" 했을 때

대원은 "그대 입 열어 묻기 전과 같느니라." 하리라.

남악(南嶽) 현태(玄泰) 상좌

현태 상좌가 어떤 사람인지 자세하지 않으나 침착하여 말수가 적고, 한 번도 비단을 입지 않았으므로 대중들이 태포납(泰布衲)이라고 불렀다.

처음에 덕산(德山) 선감(宣鑑) 선사를 뵙고 당에까지 올라갔다가 나중에 석상(石霜) 보회(普會) 선사를 뵙고 입실하였다. 머물던 절이 형산의 동쪽에 있었는데 칠보대라 불렀다. 그는 문도(門徒)를 기르지 않기로 맹세하였으나 사방에서 모인 후진들이 따르므로 모두 평교(平交)의 예로써 상대하였다.

일찍이 형산(衡山) 일대가 화전(火田)을 일구기 위해 놓은 불로 인하여 많은 피해를 입으니, 대사가 산전(山田)의 노래를 지었다. 이것이 널리 퍼져 대궐에까지 들리게 되어 불 놓는 일이 어명으로 금지되었다.

南嶽玄泰上座。不知何許人也。沈靜寡言。未嘗衣帛。眾謂之泰布衲。始見德山鑒禪師。陞於堂矣。後謁石霜普會禪師。遂入室焉。所居蘭若在衡山之東。號七寶臺。誓不立門徒。四方後進依附。皆用交友之禮。嘗謂[47]衡山多被山民斬木燒畬。爲害滋甚。乃作畬山謠。遠邇傳播達於九重。有詔禁止。

---

47) 謂가 송, 원나라본에는 以로 되어 있다.

그리하여 형산 안에 있는 절들이 다시는 화전 불에 타는 일이 없었으니, 모두가 대사의 힘이었다.

임종할 때가 되었는데 한 승려도 오지 않으니, 몸소 문 밖에 나가 승려 하나를 불러들여 화장 준비를 하라 하고 게송을 읊었다.

금년에 65세인데
사대가 주인을 떠나려 하네
이 도는 본래부터 현묘하고도 현묘하니
여기에는 부처도 조사도 없다

故嶽中蘭若無復然[48]燎。師之力也。將示滅並無僧至。乃自出門召一僧入。付囑令備薪蒸。又留偈曰。
今年六十五
四大將離主
其道自玄玄
箇中無佛祖

---

48) 然이 송, 원나라본에는 延으로 되어 있다.

머리도 깎지 말고
목욕도 시키지 말라
한 무더기 사나운 불길이면
천만 번 만족하리

게송을 마치고는 단정히 앉아 한 발을 드리우고 떠났다. 화장을 마치고 사리를 거두어서 견고(堅固) 선사의 탑 왼쪽에 조그만한 부도를 세우고 봉안하니, 수명은 65세였다.

不用剃頭
不須澡浴
一堆猛火
千足萬足

偈終端坐垂一足而逝。闍維收舍利。於堅固禪師塔左營小浮圖置之。壽六十有五。

토끼뿔

현태 상좌가 게송을 마치고는 단정히 앉아 한 발을 드리우고 떠났다 했는데, 어느 곳을 향해 갔는고?

(말없이 있다가)

넓고 넓은 사막에 낙타는 하품하고
사막 너머 노을빛 비단처럼 붉도다

앞의 예주(澧州) 협산(夾山) 선회(善會) 선사의 법손

예주(澧州) 악보산(樂普山) 원안(元安) 선사

원안 선사는 봉상부(鳳翔府) 인유(麟遊) 사람으로 성은 담(淡)씨이다. 어린 나이에 출가하여 고향의 회은사(懷恩寺) 우(祐) 율사에 의해 머리를 깎고, 계를 받은 뒤에 경과 논을 통달하였다. 그러다가 취미(翠微)와 임제(臨濟)에게 처음으로 도를 물었는데, 임제는 언제나 대중 앞에서 이렇게 칭찬하였다.
"임제 문하에 화살 하나가 있는데, 누가 감히 그 예리함에 맞서겠는가?"

前澧州夾山善會禪師法嗣。澧州樂普山元安禪師。鳳翔麟遊人也。姓淡氏。卯年出家。依本郡懷恩寺祐律師披削具戒。通經論。首問道於翠微臨濟。臨濟常對眾美之曰。臨濟門下一隻箭誰敢當鋒。

대사는 인가를 받고 나자 스스로 족하다고 여겨서 협산(夾山)에 가서 암자를 세웠다.

나중에 협산(夾山)에게서 편지가 왔는데, 열어 보고는 깜짝 놀랐다. 그리고는 암자를 버리고 협산에게 가서 절을 하고 단정히 서 있었다. 이에 협산이 말하였다.

"닭이 봉황의 둥지에 앉았으니 같은 무리가 아니다. 나가라."

대사가 말하였다.

"먼 곳에서 덕화를 흠모하고 찾아 왔으니 스님께서 한 번 지도해 주십시오."

"눈 앞에 그대도 없고 여기에 노승도 없구나."

"틀렸습니다."

"가만히 있어라. 그대는 너무 경솔히 굴지 말라. 계곡과 산은 각각 다르나 구름 속의 달은 같다. 그대가 앉아서 천하 사람의 혀끝을 물리칠 만함이 없지는 않으나, 어찌 혀 없는 사람의 말을 알랴."

師蒙許可。自謂已足。尋之夾山卓庵。後得夾山書發而覽之。不覺悚然。乃棄庵至夾山禮拜。端身而立。夾山曰。雞棲鳳巢非其同類出去。師曰。自遠趨風請師一接。夾山曰。目前無闍梨。此間無老僧。師曰。錯也。夾山曰。住住闍梨且莫草草忽忽。谿山各異雲月是同。闍梨坐却天下人舌頭即不無。爭教無舌人解語。

대사가 멍하니 말이 없자, 협산이 때렸다. 대사는 이로부터 몇 해 동안을 섬겼다.[49]

어느 날 대사가 협산에게 물었다.
"부처도 마귀도 이르지 못하는 곳을 어떻게 체득하겠습니까?"
협산이 말하였다.
"촛불은 천 리 밖의 형상을 밝히는데, 어두운 방 안의 노승이 제 홀로 미혹하는구나."
대사가 또 물었다.
"아침 해가 솟고 저녁 달이 나타나기 전에는 어떠합니까?"
협산이 말하였다.
"용이 바다의 구슬을 물고 있으나 노는 물고기는 돌아보지도 않는다."

師茫然無對。夾山便打。師因茲服膺數載(興化代云。但知作佛莫愁眾生)。師一日問夾山。佛魔不到處如何體會。夾山曰。燭明千里像。闇室老僧迷。又問。朝陽已昇夜月不現時如何。夾山曰。龍銜海珠游魚不顧。

---

49) 홍화(興化)가 대신 말하기를 "다만 부처 지을 줄만 알고 중생 걱정은 없구나." 하였다. (원주)

협산이 입멸하려 할 적에 대중에게 말하였다.

"석두(石頭)의 한 가닥인 보는 자를 보라. 곧 멸하리라."

대사가 이에 대답하였다.

"그렇지 않습니다."

"왜 그런가?"

"스스로 청산이 있습니다."

"그러-하다면 나의 도는 무너지지 않으리라."

대사가 협산이 세상을 떠난 뒤에 잠양(涔陽)에 갔다가 고향 사람을 만나 무릉(武陵)에서 있었던 일을 이야기하니, 고향 사람이 물었다.

"지난 몇 해 동안을 어디에서 피난하셨습니까?"

대사가 말하였다.

"시끄러운 곳에만 있었습니다."

"왜 사람 없는 곳으로 피해 가지 않았습니까?"

"사람 없는 곳이거늘 무슨 어려움이 있었겠습니까?"

夾山將示滅。垂語於眾曰。石頭一枝看看即滅矣。師對曰。不然。夾山曰。何也。曰。自有青山在。夾山曰。苟如是即吾道不墜矣。暨夾山順世。師抵於涔陽。遇故人因話武陵事。故人問曰。倏忽數年何處逃難。師曰。只在闤闠中。曰何不無人處去。師曰。無人處有何難。

"시끄러운 곳에서 어떻게 피난을 합니까?"
대사가 말하였다.
"비록 시끄러운 곳에 있었으나 사람들이 알지 못하였습니다."
고향 사람이 어리둥절하였다. 이어 그가 또 물었다.
"듣건대 서천(西天)의 28조〔달마 대사〕께서 이 땅에 오셔서 한 사람에게만 전했다 하니, 그들 서로가 간곡한 말을 하지 않았다면 어떠했을까요?"
대사가 말하였다.
"촌 늙은이의 문 앞에서는 조정의 일도 이야기할 것이 못 됩니다."
어떤 승려가 말하였다.
"그러면 무엇을 이야기해야 하겠습니까?"
"헤어졌던 이를 만나기 전에는 끝내 주먹을 펴지 않습니다."
"조정에서도 옴이 없는 이가 있어 서로 만나면 도리어 말을 합니까?"
"헤아림을 초월한 근기는 보려 해도 헛수고일 뿐입니다."
그 승려가 대답이 없었다.

曰闤闠中如何逃避。師曰。雖在闤闠中人且不識。故人罔測。又問曰。承西天有二十八祖。至於此土人傳一人。且如彼此不垂曲者如何。師曰。野老門前不話朝堂之事。僧曰。合譚何事。師曰。未逢別者終不開拳。僧曰。有不從朝堂來相逢還話否。師曰。量外之機徒勞目擊。僧無對。

대사는 이어 예양의 악보산으로 가서 조용히 살다가 나중에 낭주(朗州)의 소계(蘇谿)로 옮겨 지내니, 사방에서 참선하는 무리가 모였다.

대사가 대중에게 보이고 말하였다.

"비로소 말후일구(末後一句)인 뢰관문에 이르러 요긴한 길목이라는 것마저 끊겼으니, 범부니 성인이니 그 무엇으로도 통할 수 없는 상류(上流)의 선비를 알고자 하는가? 조사나 부처의 견해를 이마에 부쳐서 마치 거북이 등에다 그림을 그린 것[50]과 같이 하지 말라. 스스로의 목숨을 상하게 하는 근본이 된다."

또 말하였다.

"남쪽을 가리키는 온통인 길은 지혜로운 이라야 안다."

"깜짝할 사이에 볼 때에는 어떠합니까?"

"새벽별이 먼동을 틔우기는 하지만 태양빛만 하리오."

師尋之澧陽樂普山。卜於宴處。後遷止朗州蘇谿。四方玄侶憧憧奔湊。師示眾曰。末後一句始到牢關。鎖斷要津不通凡聖。欲知上流之士。不將祖佛見解貼在額頭如靈龜負圖。自取喪身之本。又曰。指南一路智者知疏。問瞥然便見時如何。師曰。曉星分曙色爭似太陽輝。

---

50) 고대 중국에서는 거북이 등 껍데기를 가지고 점을 쳤다.

"이렇게 와도 자리랄 것이 없고, 이렇게 가도 멸망할 것도 없을 때에는 어떠합니까?"

"땔나무 장사는 비단옷을 귀히 여기고 도인은 가볍게 여긴다."

"경에 이르기를 '백 천 부처님께 공양하는 것이 수행한 적도 증득한 적도 없는 한 분에게 공양하는 것만 못하다.'라고 하였으니, 백 천 부처님께는 무슨 허물이 있고, 수행한 적도 증득한 적도 없다는 이에게는 무슨 공덕이 있습니까?"

"한 조각 구름이 골짜기를 막으니, 얼마나 많은 새들이 저녁에 집에 돌아가려고 헤맸던가."

"해가 돋기 전에는 어떠합니까?"

"바다에 물이 마르면 용이 자연히 숨어 버리고, 푸른 하늘에 구름이 뜨면 봉황이 난다."

問恁麼來不立恁麼去不泯時如何。師曰。鬻薪樵子貴衣錦道人輕。問經云。飯百千諸佛不如飯一無修無證者。未審百千諸佛有何過。無修無證者有何德。師曰。一片白雲橫谷口。幾多歸鳥夜迷巢。問日未出時如何。師曰。水竭滄溟龍自隱。雲騰碧漢鳳猶飛。

"어떤 것이 본래의 일입니까?"

"한 알의 씨앗이 거친 밭에 있으나 김을 매지 않아도 싹이 저절로 자란다."

"만약 계속 김을 매지 않으면 풀 속에 묻히지 않겠습니까?"

"살과 뼈는 풀과는 다르고 피는 끝내 덮기 어렵다."

"이 물건의 목숨을 상하지 않는 것이 어떠합니까?"

"눈병으로 산(山) 그림자가 움직이듯 미혹한 이가 공연히 방황한다."

"이제와 옛을 이야기하지 않을 때는 어떠합니까?"

"신령스런 거북이라고 하나 괘(掛)의 징조가 없거늘 빈 껍떼기를 부질없이 뚫지 말라."

"밝고 어두움을 내걸지 않을 때에는 어떠합니까?"

"현묘한 가운데에는 들기 쉬우나 뜻밖의 것에는 제접하기 어렵다."

問如何是本來事。師曰。一粒在荒田不耘苗自秀。僧曰。若一向不耘莫草裏埋沒却也無。師曰。肌骨異芻蕘。稊稗終難映。問不傷物命者如何。師曰。眼花山影轉迷者謾彷徨。問不譚今古時如何。師曰。靈龜無掛兆空殼不勞鑽。問不掛明暗時如何。師曰。玄中易擧意外難提。

"여래의 집에 태어나지도 않고 화려한 왕의 자리에 앉지도 않을 때에는 어떠합니까?"
"그대는 화로(火鑪)의 무게가 얼마나 된다고 하겠는가?"

"조사의 뜻과 교리의 뜻이 같습니까, 다릅니까?"
"사자의 굴속에는 딴 짐승이 없고 코끼리가 지나간 곳에는 여우의 발자취가 없어진다."

"수행하여 부사의한 곳에 이를 때에는 어떠합니까?"
"청산은 항상 발을 드는데 밝은 해는 조금도 옮기지 않는다."

"다 마른 거친 밭에 홀로 서 있는 일이 어떠합니까?"
"백로(白鷺)가 눈 쌓인 둥우리에 앉은 것은 가려내기 쉬우나, 까마귀가 칠(漆) 위에 선 것은 분간하기 어렵다."

問不生如來家不坐華王座時如何。師曰。汝道火鑪重多少。問祖意與教意是一是二。師曰。獅子窟中無異獸。象王行處絶狐蹤。問行到不思議處如何。師曰。青山常舉足白日不移輪。問枯盡荒田獨立事如何。師曰。鷺倚雪巢猶可辨。烏投漆立事難分。

"어떤 것이 손님과 주인을 한꺼번에 이야기하는 것입니까?"
"마른 나무에 곁가지가 없어서 새가 와도 발 붙일 곳이 없다."

"종일 몽롱51)할 때에는 어떠합니까?"
"보배를 모래밭에 던져놓은 것처럼 아는 자는 천연히 다르다."
"그러면 손을 벌려도 스님을 만나지 못하겠습니다."
"학의 울음을 꾀꼬리 소리로 잘못 듣지 말라."

"원이삼점(圓伊三點)을 사람들이 모두 소중히 여기는데, 악보산의 가풍은 어떠합니까?"
"우레 소리가 한 번 떨치니 천으로 만든 북소리는 사라진다."

"한낮이 되었을 때에는 어떠합니까?"
"한낮이라 해도 여전히 반은 이지러졌다. 해가 넘어가야 비로소 둥글어진다."

問如何是賓主雙擧。師曰。枯樹無橫枝鳥來難措足。問終日朦朧時如何。師曰。擲寶混沙中識者天然異。曰恁麼即展手不逢師也。師曰。莫將鶴唳誤作鸎啼。問圓伊三點人皆重。樂普家風事若何。師曰。雷霆一震布鼓聲銷。問停午時如何。師曰。停午猶虧半烏沈始得圓。

---

51) 몽롱(朦朧) : 여기서는 사물이 나뉘지 않는 마음밖에 다른 것이 없는 경지를 말한다.

"어떤 것이 서쪽에서 오신 뜻입니까?"

"바람이 쌀쌀하게 부는 난간의 대나무는 서리를 맞아도 스스로는 추위를 모른다."

승려가 다시 물으려 하니, 대사가 말하였다.

"다만 바람 소리만 들릴 뿐 몇천 줄기인지는 알지 못하는구나."

대사가 법상에 올라 대중에게 말하였다.

"손빈(孫賓)[52]이 가게를 치우고 떠났다. 점칠 사람은 나와라."

이때에 어떤 승려가 나와서 말하였다.

"화상께서 한 괘 풀어 주십시오."

대사가 말하였다.

"그대의 집에서 그대의 아버지가 죽었다."

그 승려가 대답이 없었다.[53]

問如何是西來意。師曰。颯颯當軒竹經霜不自寒。僧擬再問。師曰。只聞風擊響不知幾千竿。師上堂謂眾曰。孫賓收鋪去也有卜者出來。時有僧出曰。請和尚一掛。師曰。汝家爺死。僧無語(法眼代拊掌三下)。

---

52) 손빈(孫賓) : 전국시대 제나라 사람. 천문과 지리에 뛰어났던 병법가.
53) 법안(法眼)이 대신 손뼉을 세 차례 두드렸다. (원주)

"어떤 것이 서쪽에서 오신 뜻입니까?"

대사가 선상을 두드리면서 말하였다.

"알겠는가?"

"잘 모르겠습니다."

"하늘에서 홀연히 우뢰가 진동하여 하늘 땅도 놀라는데, 우물 안의 개구리는 머리도 들지 않는다."

"악마도 부처도 이르지 못하는 곳을 어떻게 가려냅니까?"

"연야달다는 머리를 잃은 것이 아닌데, 거울 속의 것을 잘못 알았다."

"어떤 것이 생사를 여의도록 구제하는 것입니까?"

"물그릇을 잡고 구차히 목숨을 늘리려는 자는 하늘 풍류의 묘함을 듣지 못한다."

問如何是西來意。師敲禪床曰。會麼。曰不會。師曰。天上忽雷驚宇宙。井底蝦蟇不舉頭。問佛魔不到處如何辨得。師曰。演若頭非失鏡中認取乖。問如何是救離生死。師曰。執水苟延生不聞天樂妙。

"사대는 어째서 생깁니까?"
"조용한 물에는 파도가 없건만 거품이 바람결에 생긴다."
"거품이 꺼져서 물로 돌아갈 때에는 어떠합니까?"
"섞이거나 흐려지지 않아서 고기와 용이 마음대로 뛰논다."

"생사의 일이 어떠합니까?"
"온통인 생각이라 기틀마저 잊으니 태허에 점이랄 것도 없다."

"어떤 것이 도입니까?"
"기틀이 있다 할지라도 오히려 자취에 걸려 있는 것이니, 흔적마저 버려야 통할 것이다."

"어찌하여 온통인 곳집은 거둘 수 없는 것입니까?"
"세 가지 풀은 비가 와야 빼어나지만 옥조각은 본래부터 빛나는 것이다."

問四大如何而有。師曰。湛水無波漚因風擊。曰漚滅歸水時如何。師曰。不渾不濁魚龍任躍。問生死事如何。師曰。一念忘機太虛無點。問如何是道。師曰。存機猶滯迹去兀却通途。問如何是一藏收不得者。師曰。雨滋三草秀片玉本來輝。

"한 터럭이 큰 바다를 다 삼킨다는데 거기에 다시 무슨 말이 있 겠습니까?"

"집안에 백택(白澤)⁵⁴⁾의 그림이 있으니 필연코 그러한 요물은 다시 없을 것이다."⁵⁵⁾

"응연(凝然)⁵⁶⁾할 때에는 어떠합니까?"

"우뢰가 계절에 응하니 산봉우리가 흔들리고 개구리처럼 동면하는 짐승들이 놀란다."

"천만 가지 운동이 이 응연과 다르지 않을 때에는 어떠합니까?"

"신령스런 학은 하늘 밖에 나는데 둔한 새는 둥우리를 벗어나지 못한다."

"어째서 그렇습니까?"

問一毫吞盡巨海於中更復何言。師曰。家有白澤⁵⁷⁾之圖。必無如是妖怪(保福別云。家無白澤之圖亦無如是之怪)。問凝然時如何。師曰。時雷應節震嶽驚蟄。曰千般運動不異箇凝然時如何。師曰。靈鶴翥空外鈍鳥不離巢。曰如何。

---

54) 백택(白澤) : 신화에 등장하는 모든 일을 잘 아는 짐승.
55) 보복(保福)이 따로 말하기를 "집안에 백택의 그림이 없다 하면 또한 이와 같은 요물은 다시 없으리라." 하였다. (원주)
56) 응연(凝然) : 안팎 없음에 사무쳐 이러-한 경지.
57) 澤이 원나라본에는 犀으로 되어 있다.

"백발 노인이 어린이에게 절하는 일을 세상 사람은 믿지 않는다."

"여러 성인들이 이렇게 오시면 무엇으로 공양하십니까?"
"토숙(土宿)이 석장(錫杖)을 짚었으나 바라문은 아니다."

"조사의 뜻과 교리의 뜻이 같습니까, 다릅니까?"
"해와 달이 함께 하늘을 구르는데 뉘 집에만 따로 길이 있겠는가?"
"그렇다면 드러나고 숨는 길이 끊어져 일에 개탄하는 것이 하나만이 아니겠습니다."
"다만 스스로 염소를 잃지만 않았다면 어찌 갈림길에서 울 것인가?"

"학인이 고향으로 돌아가려 할 때에는 어떠합니까?"
"집도 부서지고 사람도 죽었는데 그대가 어디로 돌아가려 하는가?"

師曰。白首拜少年舉世人難信。問諸聖恁麼來將何供養。師曰。土宿雖持錫不是婆羅門。問祖意與教意是同是別。師曰。日月並輪空誰家別有路。曰恁麼即顯晦殊途事非一概也。師曰。但自不亡羊。何須泣岐路。問學人擬歸鄉時如何。師曰。家破人亡子歸何處。

"그러면 돌아가지 않겠습니다."

"뜰 앞에 쌓인 눈은 해가 녹이겠지만 방안에 일어난 먼지는 누가 없애랴."

"움직임은 법왕의 싹이요, 고요함은 법왕의 뿌리라 하는데 뿌리와 싹은 묻지 않습니다. 어떤 것이 법왕입니까?"
대사가 불자를 드니, 승려가 말하였다.
"그것은 오히려 법왕의 싹입니다."
"용이 동굴에서 나온 바 없는데 누가 어찌하겠는가?"

대사가 두 산에서 개당한 법어가 제방에 널리 퍼졌다. 당의 광화(光化) 원년(元年) 무오(戊午) 가을 8월에 일 보는 승려를 불러 경계하였다.

曰恁麼即不歸去也。師曰。庭前殘雪日輪消。室內遊塵遣誰掃。問動是法王苗。寂是法王根。根苗即不問。如何是法王。師舉拂子。僧曰。此猶是法王苗。師曰。龍不出洞誰人奈何。師二山開法語播諸方。唐光化元年戊午秋八月誡主事曰。

"출가한 이의 법은 늘 물건에 머물지 않는다. 씨를 뿌릴 때에는 살펴서 일을 줄이고, 이리저리 얽어매는 잡무는 모두 없애라. 세월은 빠르고 큰 도는 깊고 불가사의하다. 만일 그럭저럭 지낸다면 어떻게 깨달을 수 있으랴."

이와 같이 격려함이 간절했으나 대중은 항상 있는 일이라 하여 전혀 주의하지 않았다.

그해 겨울이 되자 약간의 병이 났으나 물으러 온 이들을 지도하기에 게을리 하지 않다가 12월 1일에 대중에게 고하였다.

"나는 내일이 아니면 모레 떠난다. 이제 한 가지를 묻겠으니, 그대들이 만일 그것이 옳다 하면 머리 위에 다시 머리를 포개는 것이요, 그것이 옳지 않다 하면 머리를 끊고서 살기를 구하는 것이다."

이때에 제1좌가 대답하였다.

"청산은 발을 들지 않고 밝은 낮에는 등불을 들지 않습니다."

"이 속이 어떤 시절인데 그런 말을 하는가?"

出家之法長物不留。播種之時切宜減省。締構之務悉從廢停。流光迅速大道深玄。苟或因循曷由體悟。雖激勵懇切。眾以為常略不相儆。至冬師示有微疾。亦不倦參請。十二月一日告眾曰。吾非明即後也。今有一事問。汝等若道這箇是。即頭上安頭。若道這箇不是。即斬頭求活。時第一座對曰。青山不舉足。日下不挑燈。師曰。這裏是什麼時節。作這箇語話。

이때에 언종(彦從) 상좌가 따로 대답하였다.

"이 두 갈래를 떠났습니다. 화상께서는 더 묻지 마십시오."

"맞지 않았다. 다시 일러라."

"언종은 이르려면 다함이 없습니다."

"나는 그대가 다하거나 다함없음을 묻는 것이 아니다."

"언종에게는 화상의 말씀에 대답할 시자가 없습니다."

대사가 하당(下堂)하여 그날 밤 시자를 시켜 언종을 불러다 놓고 물었다.

"그대가 오늘 나에게 대답한 것이 매우 조리가 있다. 그대의 말에 의하면 분명 선사(先師)의 뜻을 체험했다. 선사(先師)께서 '눈앞'에 법이 없다는 것은 '눈앞'에 뜻이 있다. 이것은 '눈앞' 법이 아니어서 귀나 눈으로 이를 바가 아니라 하셨는데, 어느 구절이 주인인 구절이라 여기는가? 만일 가려낸다면 의발 주머니를 전해 주리라."

時有彦從上座。別對曰。離此二途請和尚不問。師曰。未在更道。曰彦從道不盡。師曰。我不管汝盡不盡。曰彦從無侍者祇對和尚。 師乃下堂。至夜令侍者喚彦從入方丈曰。闍梨今日祇對老僧甚有道理。據汝合體先師意旨。先師道。目前無法意在目前。不是目前法非耳目之所到。且道那句是主句。若擇得出分付鉢袋子。

"언종은 모릅니다."
"그대는 알 터이니 말이나 해봐라."
"언종은 진실로 모릅니다."
대사가 할을 하여 내쫓고 말하였다.
"괴롭구나, 괴로워."[58]
2일 오시에 다른 승려가 앞의 이야기를 들어 대사께 물으니, 대사가 스스로 대신 말하였다.
"자비의 배는 맑은 물결 위에 노도 달지 않았거늘, 검협(劍峽)에 무리들은 헛되이 나무오리〔木鵝〕만을 늘어놓는구나."[59]
그리고는 이내 입적하니, 수명은 65세이고, 법랍은 46세였다. 탑은 절의 서북쪽 모퉁이에 세웠다.

日彥從不會。師日。汝合會但道。日彥從實不知。師喝出乃日。苦苦(玄覺云。且道從上坐實不會。是怕見鉢袋子粘著伊)。二日午時別僧擧前語問師。師自代日。慈舟不棹淸波上。劍峽徒勞放木鵝。便告寂壽六十有五。臘四十六。塔於寺西北隅。

---

58) 현각(玄覺)이 말하기를 "언종 상좌는 참으로 몰랐겠는가? 아니면 의발 주머니에 집착될 것이 두려워서였겠는가?" 하였다. (원주)
59) 검협은 험준한 성이요, 나무오리는 성을 공격하는 수당시대의 무기이다. 그러나 험준한 검협에는 나무오리의 공격도 무효였다.

 토끼뿔

∽ "그대의 집에 그대 아버지가 죽었다."했을 때

대원은 "시자까지 버젓한데 무슨 말입니까?"하리라.

∽ "어떤 것이 거두어 감출 수 없는 것입니까?"했을 때

대원이었다면 한 대 때렸을 것이다.
"험."

∽ "천만 가지 운동이 이 응연과 다르지 않을 때에는 어떠합니까?"했을 때

대원은 "그런 말을 안 한다."하리라.

∽ "학인이 고향으로 돌아가려 할 때에는 어떠합니까?"했을 때

대원은 "절 앞 사천왕이 묻기도 전에 일렀느니라."하리라.

◌ "나는 내일이 아니면 모레 떠난다. 이제 한 가지를 묻겠으니, 그대들이 만일 그것이 옳다 하면 머리 위에 다시 머리를 포개는 것이요, 그것이 옳지 않다 하면 머리를 끊고서 살기를 구하는 것이다." 했을 때

대원은 할을 하고 떨쳐 나와버렸을 것이다.

◌ "만일 가려낸다면 의발 주머니를 전해 주리라." 했을 때

대원은 "그 역시 물 속의 달노래니 쉬시고 차나 드십시오." 하리라.

홍주(洪州) 상람(上藍) 영초(令超) 선사

영초 선사가 처음에 균주(筠州)의 상람산에 있으면서 협산(夾山)의 선법을 이야기하니, 배우는 무리가 많이 모였다. 나중에는 홍주에다 선원을 짓고 살면서 여전히 상람이라 부르니 교화는 더욱 번성하였다.
어떤 승려가 물었다.
"어떤 것이 상람의 본분의 일입니까?"
"천 성인에게도 빌리지 않았거늘 어찌 만 가지 기틀에서 구하랴."
"구하지도 않고 빌리지도 않을 때에는 어떠합니까?"
"집어서 그대의 손에 놓을 수 없다. 알겠는가?"

"칼날 앞의 일을 어떻게 분별합니까?"
"칼날 앞에는 그림자도 드러날 수 없거늘 혀끝에서 찾지 말라."

洪州上藍令超禪師。初住筠州上藍山說夾山之禪。學侶俱會。後於洪井創禪苑居之。還以上藍為名化導益盛。僧問。如何是上藍本分事。師曰。不從千聖借豈向萬機求。曰只如不借不求時如何。師曰。不可拈放汝手裏得麼。問鋒前如何辨事。師曰。鋒前不露影莫向舌頭尋。

"두 용이 구슬을 다투는데 어느 쪽이 얻습니까?"
"그 구슬이 땅에 두루하건만 보는 눈이 진흙 같구나."

"선재(善財)가 문수를 만난 뒤에 다시 남쪽으로 간 뜻이 무엇입니까?"[60]
"입실해서 배워야 곧 일체를 통달해 아느니라."
"어째서 미륵이 문수에게 보내어 보게 했습니까?"[61]
"도가 넓어서 끝이 없으니 만나는 사람마다 다함없다."

당의 대순(大順) 경술(庚戌) 정월 초승에 대중을 불러 모으고 말하였다.
"내가 본래 여기에 머물기로 한 것이 10년이었다. 이제 교화의 일이 끝났으니 떠나야겠다."

問二龍爭珠誰是得者。師曰。其珠遍地目覩如泥。問善財見文殊却往南方意如何。師曰。學憑入室知乃通方。曰爲什麼彌勒遣見文殊。師曰。道廣無涯逢人不盡。至唐大順庚戌歲正月初。召衆僧而告曰。吾本約住此十年。今化事旣畢當欲行矣。

---

60) 『화엄경』 '입법계품'의 내용. 선재동자가 처음 문수를 만난 뒤 남쪽으로 가서 52 선지식을 친견한다.
61) 『화엄경』 '입법계품'의 내용. 선재동자가 미륵을 만난 뒤 마지막에 다시 문수를 만난다.

그리고는 보름날 공양을 마치고 종소리를 들으면서 단정히 앉아 영원히 떠나니, 시호는 원진 대사(元眞大師)이고, 탑호는 본공(本空)이라 하였다.

十五日齋畢聲鍾端坐長往。諡元眞大師。塔曰本空。

 토끼뿔

"어째서 미륵이 문수에게 보내어 보게 했습니까?" 했을 때

대원은 주장자를 세 번 치고,
"급제한 이가 마표를 받는 일과 같다고나 하자." 하리라.

운주(鄆州) 사선(四禪) 화상

사선 화상에게 어떤 승려가 물었다.
"옛사람들은 청하는 이가 있으면 저버리지 않았습니다. 이제 화상께 우물에 들어가시기를 청하니 들어가시겠습니까, 들어가시지 않겠습니까?"
대사가 말하였다.
"깊고 깊어 근원에 별다른 것이 없으나, 마시는 이는 온갖 근심 걱정이 사라진다."
"어떤 것이 화상의 가풍입니까?"
"그 속에 있는 사람의 뜻을 알자면 모름지기 달빛이 차갑다고 하는데서 알아야 한다."

鄆州四禪和尚。僧問。古人有請不背。今請和尚入井還去也無。師曰。深深無別源。飮者消諸患問如何是和尚家風。師曰。會得底人意。須知月色寒。

🐦 토끼뿔

"옛사람들은 청하는 이가 있으면 저버리지 않았습니다. 이제 화상께 우물에 들어가시기를 청하니 들어가시겠습니까, 들어가시지 않겠습니까?" 했을 때

대원은 주장자를 세워 잡고,
"여기 그러한 말이 설 수 있느냐? 빨리 일러라, 빨리 일러." 했을 것이다.

강서(江西) 소요산(逍遙山) 회충(懷忠) 선사

회충 선사에게 어떤 승려가 물었다.
"같지 않은 구절을 이야기할 수 있는 사람도 있습니까?"
대사가 말하였다.
"닷새의 공양 이전이거나 혹은 닷새의 공양 이후이다."
"칼이 날카롭고 거울이 밝은데 털끝만큼이라도 어찌 미혹되겠습니까?"
"불공견삭(不空羂索)[62]이니라."

"넓은 화로에 불꽃이 맹렬한데 어떤 물건을 달구겠습니까?"
"부처와 조사도 삶는다."
"부처와 조사를 왜 삶습니까?"
"업이 그 속에 있기 때문이다."

江西逍遙山懷忠禪師。僧問。不似之句還有人道得否。師曰。或即五日齋前。或即五日齋後。問劍鏡明利毫毛何惑。師曰。不空羂索。問洪鑪猛焰烹鍛何物。師曰。烹佛烹祖。曰佛祖作麼生烹。師曰。業在其中。

---

62) 불공견삭(不空羂索) : 부처나 보살이 중생을 여러 방편으로 구제하는 것을 상징하는 말.

"무엇을 업이라 합니까?"
"부처의 힘만 같지는 못하니라."

"49년 동안 한 구절도 말씀하시지 않았다 하는데, 어떤 것이 한 구절도 말하지 않은 것입니까?"
"신발 한 짝을 들고 서쪽으로 가는 도인이 돌아보지도 않았느니라."
"그것이 화상께서 멈추실 자리가 아니겠습니까?"
"이 말[馬]은 관가의 말이라 도장 쓸 일이 없다."

"어떤 것이 하나는 늙는데 하나는 늙지 않는 것입니까?"
"삼종(三從)과 육의(六義)니라."

"어떤 것이 기특한 한 구절입니까?"
"부처님의 평상에 앉아서 후박나무로 부처를 새기려는구나."

曰喚作什麼業。師曰。佛力不如。問四十九年不說一句。如何是不說底一句。師曰。隻履西行道人不顧。曰莫便是和尚消停處也無。師曰。馬是官馬不用印。問如何是一老一不老。師曰。三從六義。曰如何是奇特一句。師曰。坐佛床斫佛朴。

"조사와 부처 중 어느 쪽과 더 친합니까?"
"순금과도 바꾸려 하지 않거늘 누가 진흙덩이와 바꾸려 하겠는가?"
"그렇다면 긍정하지 않는 것이군요."
"그대는 귀한데 나는 천하구나."

"어떤 것이 만 년 묵은 소나무에 검을 달아둔 것입니까?"
"틀린 말로는 미칠 수 없다."
"무슨 일을 해야 하겠습니까?"
"그저 그대는 말로 이르라는구나."
"언어 이외의 일은 어떻게 밝히겠습니까?"
"날이 오래되고 해가 많이 가면 힘줄과 뼈만 앙상해지니라."

"마군을 대적하지 않으면 어떻게 도를 증득하겠습니까?"
"바닷물은 표주박으로 다 푸지 못한다."

問祖與佛阿那箇最親。師曰。真金不肯博誰肯換泥丸。曰恁麼即有不肯也。師曰。汝貴我賤。問如何是懸劍萬年松。師曰。非言不可及。曰當為何事。師曰。只汝道話。曰言外之事如何明得。師曰。日久年多筋骨成。問不敵魔軍如何證道。師曰。海水不勞杓子舀。

"구름 있는 산에는 머물지 않고 밑 없는 배에만 있을 때에는 어떠합니까?"
"과일은 자연히 익는다."
"다시 한 번 말씀해 주십시오."
"문앞이 참다운 불제자이다."
"학인은 어째서 보지 못합니까?"
"곳곳이 왕노사(王老師)다."

問不住有雲山常居無底船時如何。師曰。果熟自然。曰更請師道。師曰。門前眞佛子。曰學人爲什麼不見。師曰。處處王老師。

 토끼뿔

ᛜ"넓은 화로에 불꽃이 맹렬한데 어떤 물건을 달구겠습니까?" 했을 때

대원은 "이런 물건은 이렇게 달군다." 하며 마구 때렸을 것이다.
"험."

ᛜ"어떤 것이 기특한 한 구절입니까?" 했을 때

대원은 "어떤 것이 기특한 구절이냐?" 하리라.

ᛜ"어떤 것이 만 년 묵은 소나무에 검을 달아둔 것입니까?" 했을 때

대원은 "달아두었던 검은 이런 때 쓴다." 하며, 두어 대 때렸을 것이다.
"참."

원주(袁州) 반룡산(盤龍山) 가문(可文) 선사

가문 선사에게 어떤 승려가 물었다.
"죽은 승려의 영혼이 어느 곳을 향해 갔습니까?"
대사가 말하였다.
"돌소는 강가의 길을 따라가고 대낮의 야명등(夜明燈)이다."

"어떤 것이 부처입니까?"
"어리석은 아이가 아비를 버리고 달아나는구나."

대사는 나중에 상람원(上藍院)에 가서 살았다.

袁州盤龍山可文禪師。僧問。亡僧遷化向什麼處去也。師曰。石牛沿江路。日裏夜明燈。問如何是佛。師曰。癡兒捨父逃。師後居上藍院。

 토끼뿔

"죽은 승려의 영혼이 어느 곳을 향해 갔습니까?" 했을 때

대원은 "나귀년 돌아씨 복중서 웃는다." 하리라.

무주(撫州) 황산(黃山) 월륜(月輪) 선사

월륜 선사는 복주(福州)의 복당(福唐) 사람으로 성은 허(許)씨이다. 학문에 뜻을 둘 나이인 15세에 고향에 있는 황벽산(黃蘗山)에 가서 관(觀) 선사에게 귀의하여 교법과 계법을 받고, 행각을 떠나 도수(塗水)에 가서 삼봉(三峯) 화상을 만났다. 비록 문답에 조리가 있었으나 인연이 맞지 않았는데, 협산에서 성대한 법회가 있다는 말을 듣고 찾아가니, 협산이 물었다.

"이름이 무엇인가?"

"월륜(月輪)입니다."

협산이 동그라미 하나를 그려놓고 물었다.

"이것과 어떤가?"

"화상의 그런 말씀을 제방에서는 아무도 긍정하지 않습니다."

"나는 그렇다 하자. 그대는 어떤가?"

撫州黃山月輪禪師。福州福唐人也。姓許氏。志學之歲詣本郡黃檗山寺投觀禪師稟教及圓戒品。遂遊方抵塗水。謁三峯和尚。雖問答有序而機緣靡契。尋聞夾山盛化乃往叩之。夾山問師。名什麼。師曰。名月輪。夾山作一圓相曰。何似這箇。師曰。和尚恁麼語話諸方大有人不肯在。曰貧道即恁麼闍梨作麼生。

대사가 말하였다.

"월륜을 보기는 하셨습니까?"

"그대는 그렇게 말하나 요즘의 제방 사람은 아무도 긍정하지 않을 것이다."

대사가 이로부터 항복하여 자주 묻고 배웠다.

어느 날 협산이 소리를 높여 물었다.

"그대는 어디 사람인가?"

"민중(閩中) 사람입니다."

"나를 알겠는가?"

"화상께서도 저를 아시겠습니까?"

"그렇지 않다. 그대는 먼저 나에게 짚신 값을 갚아라. 그러면 나는 그대에게 강릉(江陵)의 쌀 값을 갚으리라."

"그러면 화상을 알지도 못하고, 강릉의 쌀 값이 얼마인지도 모릅니다."

"그대는 사자후를 잘하였다."

師曰。還見月輪麼。曰闍梨恁麼道此間大有人不肯諸方。師乃服膺參訊。一日夾山抗聲問曰。子是什麼處人。師曰。閩中人。曰還識老僧否。師曰。和尚還識學人否。曰不然子且還老僧草鞋價。然後老僧還子江陵米價。師曰。恁麼即不識和尚。未委江陵米作麼價。夾山曰。子善能哮吼。

그리하여 협산에게 입실하여 인가를 받고 의지해 있다가 7년 만에 하직하고, 무주로 가서 복룡제산(卜龍濟山)에 자리잡고 사니, 학자들이 구름같이 모였다. 여기서 협산의 심오한 종지를 펴니 명성이 제방에 떨쳐졌다.

나중에 임천(臨川)으로 돌아가 황산에 살면서 무리들에게 말하였다.

"나는 여기에 살기 시작한 이래 자못 본래의 뜻에 맞았다."

대사는 이어 법상에 올라 대중에게 말하였다.

"조사께서 서쪽에서 와서 특히 이 일을 외치셨거늘, 여러분들이 알지 못하고 밖을 향해 구한다면, 흙탕물 속에서 구슬을 찾고 형산(荊山)에 가서 옥을 찾는 것이다.

그러므로 문으로부터 들어온 것은 집안의 보배가 아니라 했건만 그림자를 머리로 아니, 어찌 큰 잘못이 아니랴."

이때에 어떤 승려가 물었다.

乃入室受印。依附七年。方辭往撫州。卜龍濟山隱居。玄侶雲集。師遂演夾山奧旨。名聞諸方。後歸臨川樂棲黃山。謂諸徒曰。吾居此山頗諧素志矣。師上堂謂眾曰。祖師西來特唱此事。自是諸人不薦向外馳求。投赤水以尋珠。就荊山而覓玉。所以道。從門入者不是家珍。認影為頭豈非大錯。時有僧問。

"어떤 것이 조사의 뜻입니까?"

"양전(梁殿)63)에 공력을 들인 바 없이 위방(魏邦)64)과는 마음 자취가 끊어졌다."

"어떤 것이 도입니까?"

"돌소는 자주자주 삼춘(三春)의 안개를 뿜고, 나무말이 우는 소리는 길거리에 가득하다."

"어찌하여야 본래의 면목을 보겠습니까?"

"돌거울을 달려고 애를 쓰지 말라. 날이 새면 자연히 닭이 운다."

"종문의 한 구절을 스님께서 말씀해 주십시오."

"황산 봉우리가 홀로 초탈하여 사물 밖에 빼어나고, 해〔年〕가 오고 달이 가자 냉기가 으스스하다."

如何是祖師意。師曰。梁殿不施功魏邦絶心迹。問如何是道。師曰。石牛頻吐三春霧。木馬嘶聲滿道途。問如何得見本來面目。師曰。不勞懸石鏡天曉自雞鳴。問宗乘一句請師商量。師曰。黃峯獨脫物外秀。年來月往冷颼颼。

---

63) 양전(梁殿) : 양나라의 궁궐. 양은 위(魏)나라가 도읍을 옮긴 뒤의 이름이다.
64) 위방(魏邦) : 위나라의 수도.

"분별 없는 말로 어떻게 가리키십니까?"
"칼을 잃은 지가 오랜데 이제야 뱃전에다 표를 하려는구나."

"어떤 것이 법복 밑의 일입니까?"
"돌소가 물 위에 누워서 동서를 자유로이 다닌다."

"어떤 것이 눈앞의 뜻입니까?"
"가을바람은 여운이 있고, 조각 달은 방소가 없다."

"어떤 것이 학인이 마음을 쓸 곳입니까?"
"깨달은 집에는 가린 것이 없어서 마음 달〔月〕은 응함에 미혹하지 않는다."

"어떤 것이 푸른 하늘의 길입니까?"
"학이 구름 밖의 나무에 깃들고, 쓰라린 서리바람 그칠 줄 모른다."

問不辨中言如何指撥。師曰。劍去遠矣爾方刻舟。問如何是衲衣下事。師曰。石牛水上臥東西得自由。問如何是目前意。師曰。秋風有韻片月無方。問如何是學人用心處。師曰。覺戶不掩對月莫迷。問如何是青霄路。師曰。鶴棲雲外樹不倦苦風霜。

"과거의 일이 어떠합니까?"

"용이 맑은 못에서 부르짖고 물결은 자숙한다."

대사가 황산에 있은 지 모두 13년 동안에 학자가 왔다가 헛되이 간 적이 없었다.

후당(後唐)의 동광(同光) 2년 12월 21일에 약간의 병이 났다가 그달 26일 오시에 단정히 앉아서 떠나니, 수명은 72세이고, 법랍은 53세였다. 이듬해 정월 20일에 선원의 서북 모퉁이에다 탑을 세웠다.

問過去事如何。師曰。龍叫淸潭波瀾自肅。師住黃山僅十三載。學者來無虛往。以後唐同光二[65] 年十二月二十一日示有微恙。至二十六日午時奄然坐化。壽七十二。臘五十三。明年正月二十日塔於院西北隅。

---

65) 二가 송, 원나라본에는 三으로 되어 있다.

토끼뿔

"나를 알겠는가?" 했을 때

대원은 자리를 크게 한 번 치고 "이것이 어찌 알고 모르는 데에 속하겠습니까?" 했을 것이다.

낙경(洛京) 소산(韶山) 환보(寰普) 선사

어떤 승려가 와서 뵙고 절을 한 뒤에 서 있으니, 대사가 말하였다.
"천재가 못난이 집에 숨었구나."
그 승려가 앞을 지나서 한쪽에 가서 서 있으니, 대사가 말하였다.
"대들보 재목이 상했구나."

대사가 연(諲)이라는 승려에게 물었다.
"네가 이러히 많은 설법으로 머리가 희어진 연(諲)이 아니라고는 못하겠지?"
연이 대답하였다.
"감히 그렇겠습니까만 조금은 설했습니다. 온통 몸일 뿐입니다."
대사가 말하였다.
"평상시에 어느 곳을 향해서 똥을 누는가?"

洛京韶山寰普禪師。有僧到參禮拜起立。師日。大才藏拙戶。僧過一邊立。師日。喪却棟梁材。師問僧。莫是多口白頭諲麼。諲云。不敢。云多少口。諲云。通身是。師云。尋常向什麼處屙。

연이 말하였다.
"당신의 입을 향해 눕니다."
대사가 말하였다.
"나의 입이 있다면 나의 입 속을 향하겠지만, 나의 입이 없다면 어느 곳을 향해 눕겠는가?"
연이 대답이 없자, 대사가 바로 때렸다.

준포납(遵布衲)이 산 밑에서 대사를 만나서 물었다.
"소산(韶山)이 어디입니까?"
대사가 말하였다.
"울창한 곳이다."
"그것뿐이지 않습니까?"
"그렇기는 하나 그대에게 무슨 일이 있는가?"
"제가 의심스러운 한 가지를 묻고자 하는데 대답해 주시겠습니까?"

諲云。向韶山口裏屙。師云。有韶山口向韶山口裏。無韶山口向什麼處屙。諲無對。師便打。 遵布衲山下見師。乃問韶山在什麼處。師曰。青青鬱鬱處是。遵曰。莫只者便是否。師曰。是即是闍梨有什麼事。遵曰。擬伸一問。未審師還答否。

대사가 말하였다.

"그대를 보니 금아(金牙)가 되지 못했거늘, 어찌 활을 당겨 위지(尉遲)[66]를 쏠 수 있겠는가?"

준포납이 말하였다.

"봉황은 벌써 구름 속으로 날아 들었거늘, 누가 수풀 속의 들까치를 두려워하겠습니까?"

"망루 위에 달린 그림 그려진 북은 그대 마음대로 치겠지만 나와 같은 가풍을 펴나 보아라."

"한 구절이 고금의 격식을 초월한다지만 소나무와 넝쿨이 달과 같지는 않습니다."

"그대가 위음왕 부처님 이전에 초월했다 하여도 소산에 오기까지는 보름 길이 남는다."

"허물이 어디에 있습니까?"

"출중한 말은 세상 사람들이 알고 있다."

師云。看君不是金牙作。爭解彎弓射尉遲。遵云。鳳凰直入煙霄去。誰怕林間野鵲兒。師曰。當軒畫鼓從君擊。試展家風似老僧。遵曰。一句迥超今古格松蘿不與月輪齊。師曰。饒君直出威音外。猶較韶山半月程。遵曰。過在什麼處。師曰。調蕩[67]之辭。時人知有。

---

66) 위지(尉遲) : 수나라 말기 당나라 초기의 장군.
67) 調蕩이 송, 원나라본에는 儴儻으로 되어 있다.

준포납이 말하였다.

"그렇다 해도 참된 옥은 진흙 속에 뛰어나니, 일만 기틀은 티끌에 뒤섞이지 않습니다."

대사가 말하였다.

"노반(魯般)[68]의 문하에서 헛되이 재주를 부리는구나."

"저는 그렇지만 스님의 뜻은 또 어떠합니까?"

"옥녀(玉女)가 밤에 북[69]을 던져 서쪽 집에서 비단을 짠다."

"그것은 화상의 가풍이 아니지 않습니까?"

"밭가는 농부가 옥으로 만든 보습 자루〔玉漏〕[70]를 놓는 것이어서 작가(作家)[71]의 행위가 못된다."

"그것도 말과 글입니다. 또 어떤 것이 가풍입니까?"

"몸을 눕혀 우주와 맞닥뜨린다지만, 누가 머리라도 내밀었던가?"

준포납이 절을 하지도 않았다.

遵曰。與麽則眞玉泥中異不撥萬機塵。師曰。魯般門下徒施巧妙。遵云。學人即恁麽。師意如何。師曰。玉女夜拋梭織錦於西舍。遵曰。莫便是和尚家風也無。師曰。耕夫置玉漏。不是行家作。遵曰。此是文言家風又若何。師曰。橫身當宇宙誰是出頭人。遵不禮拜。

---

68) 노반(魯般) : 노나라 재주 있는 장인의 이름.
69) 북 : 베틀에 딸린 베 짜는 도구.
70) 보습 자루〔玉漏〕 : 내륙지방 농기구의 일종.
71) 작가(作家) : 교화문에 선 선지식.

하루는 대사가 준포납에게 또 물었다.

"그대에게 충천한 기개가 있다면 노승은 이 지위에 들 방도가 있다. 그대는 큰 바다를 삼키고 노승은 등에 수미산을 짊어졌다. 그대는 칼을 겨누어 오고 노승은 창으로 상대하고 있다. 모든 것을 초월했다는 것마저 세우지 않는 한 길을 속히 일러라, 속히 일러."

준포납이 말하였다.

"밝은 거울이 대(臺)를 비치듯 한 차례 명쾌하게 일러 주십시오."

대사가 말하였다.

"밝지 못한가?"

"어떻게 밝지 못할 수가 있습니까?"

"옅은 물에는 고기가 없으니 낚시질을 해봤자 수고로울 뿐이구나."

준포납이 말이 없자, 대사가 곧 때렸다. 준포납이 드디어 절을 하였다.

대사가 임종한 뒤에 시호를 무외 선사(無畏禪師)라 하였다.

一日又問。闍梨有衝天之計。老僧有入地之謀。闍梨橫吞巨海。老僧背負須彌。闍梨橫劍上來。老僧亞槍相待。向上一路。速道速道。遵云。明鏡當臺請一鑒。師云。不鑒。遵云。爲什麼不鑒。師云。淺水無魚徒勞下釣。遵無語。師便打。遵方禮拜。師終後諡無畏禪師。

 토끼뿔

㊀ "평상시에 어느 곳을 향해서 똥을 누는가?" 했을 때

대원은 "돌소는 해를 물고 창공에 있고, 쇠닭은 달을 안고 파도를 탄다." 하리라.

㊀ "그대에게 충천한 기개가 있다면 나의 이 지위에 들 방도가 있다. 그대는 큰 바다를 삼키고 노승은 등에 수미산을 짊어졌다. 그대는 칼을 겨누어 오고 노승은 창으로 상대하고 있다. 모든 것을 초월했다는 것마저 세우지 않는 한 길을 속히 일러라, 속히 일러." 했을 때

대원은 엄지를 세웠을 것이다.

태원(太原) 해호(海湖) 화상

어떤 사람이 관정(灌頂) 의식을 하는 삼장을 청해서 공양하려고 자리를 펴니, 대사가 그 자리에 앉아 버렸다.

이때에 운섭(雲涉)이라는 좌주(座主)가 있다가 물었다.

"화상은 몇 해나 도를 닦았습니까?"

대사가 말하였다.

"좌주여, 가까이 오라."

운섭이 가까이 다가서니, 대사가 말하였다.

"교진여(憍陳如)[72]는 몇 해나 도를 닦았는가?"

운섭이 멍청히 서 있으니, 대사가 꾸짖었다.

"이 오줌싸개 귀신아."

太原海湖和尚。因有人請灌頂三藏供養。敷座訖。師乃就彼位坐。時有雲涉座主問曰。和尚什麼年行道。師曰。座主近前來。涉近前。師曰。只如憍陳如是什麼年行道。涉茫然。師咄曰。這尿牀鬼。

---

72) 교진여(憍陳如) : 석가모니 부처님께서 성도하신 후 처음으로 법륜을 굴리시어 가장 먼저 제도한 비구.

어떤 승려가 물었다.

"화상의 선원에는 왜 사람이 적고, 정수(定水) 화상의 선원에는 왜 사람이 많습니까?"

대사가 말하였다.

"풀이 깊으면 들 노루가 많고, 높고 가파르면 드문 해태뿐이다."

僧問。和尙院內人何太少。定水院人何太多。師曰。草深多野鹿。巖高獬豸稀。

토끼뿔

"화상은 몇 해나 도를 닦았습니까?" 했을 때

대원은 "나귀해의 년월이다." 하리라.

가주(嘉州) 백수사(白水寺) 화상

어떤 승려가 물었다.
"어떤 것이 서쪽에서 오신 뜻입니까?"
대사가 말하였다.
"사해(四海)에 굴집이 없고 한 방울 물로 천지를 적신다."

"조계의 외길에서 무슨 일을 이야기 해야겠습니까?"
"시냇가의 천년 묵은 소나무에는 학이 모이고, 달 속의 향기로운 계수나무에는 봉황이 돌아온다."

嘉州白水寺和尚。僧問。如何是西來意。師曰。四溟無窟宅一滴潤乾坤。問曹溪一路合譚何事。師曰。澗松千載鶴來聚。月中香桂鳳凰歸。

 토끼뿔

"어떤 것이 서쪽에서 오신 뜻입니까?" 했을 때

대원은 "바닷가의 등대다." 하리라.

봉상(鳳翔) 천개산(天蓋山) 유(幽) 선사

유(幽) 선사에게 어떤 승려가 물었다.
"어떤 것이 천개산의 물입니까?"
대사가 말하였다.
"사해에 넘쳐 흐르나 연적(涓滴)[73]에도 차지 않는다."

"학인이 경을 보기 시작하려는데 어찌하면 좋겠습니까?"
"이미 큰 상인인데 왜 작은 이익을 구하는가?"

鳳翔天蓋山幽禪師。僧問。如何是天蓋水。師曰。四海滂沲不犯涓滴。問學人擬看經時如何。師曰。既是大商何求小利。

---

73) 연적(涓滴) : 물방울. 적은 양의 물. 매우 작은 것을 비유한다.

 토끼뿔

"학인이 경을 보기 시작하려는데 어찌하면 좋겠습니까?" 했을 때

대원은 한 대 때리고 "잘 보았는가?" 했을 것이다.

홍주(洪州) 건창(建昌) 봉서산(鳳棲山) 동안(同安) 화상(제1세 주지)

동안 화상에게 어떤 승려가 물었다.
"어떤 것이 화상의 가풍입니까?"
"금빛 닭이 알을 품고 하늘로 돌아가고, 옥토끼가 새끼를 배고 자미(紫微)[74]별로 들어간다."

"홀연히 나그네가 오면 무엇으로 대접하시겠습니까?"
"금 과일은 이른 아침에 원숭이가 따오고, 옥 꽃은 저녁에 봉황새가 물어온다."

洪州建昌鳳棲山同安和尚(第一世住)。僧問。如何是和尚家風。師曰。金雞抱子歸霄漢。玉兔懷胎入紫微。僧曰。忽遇客來將何祇待。師曰。金果早朝猿摘去。玉華晚後鳳銜來。

---

74) 자미(紫微) : 중국 북두의 별이름. 거기에 천제(天帝)가 있다고 한다.

"종일토록 못에 있었는데 왜 고기를 낚지 못합니까?"
"현묘한 근원은 생멸 없는 보배를 숨기지 않으니, 부질없이 푸른 못을 향하여 낚시를 드리우지 말라."

"깨끗한 기틀의 한 구절이 밝게 드러나 만나는 것이 없을 때에는 어떠합니까?"
"태양 문 아래에는 별도 달도 없고, 천자의 대궐 앞에는 가난한 아이가 없다."

"어떤 것이 동안이 몸을 굴린 곳입니까?"
"수 없는 겁에도 업의 몸〔玉露〕에 잠긴 일이 없는데, 어찌 눈앞 태양의 기틀엔들 걸리랴."

"험악한 길을 어떻게 걸어가야 합니까?"
"현묘한 몸으로 천 갈래 길을 지나가니, 푸른 바다에 파도가 없는데 가기 어려우랴."

問終日在潭爲什麽釣不得。師曰。玄源不隱無生寶。莫謾垂釣向碧潭。問澄機一句曉露不逢時如何。師曰。太陽門下無星月。天子殿前無貧兒。問如何是同安轉身處。師曰。曠劫不曾沈玉露。目前豈滯太陽機。問險惡道中如何進步。師曰。玄身透過千差路。碧海無波往即難。

"어떤 것이 법복 밑의 일입니까?"

"한 조각 밝은 달이 이제나 예나 여전하니, 어찌 어부들이 밤에 낚시 바늘을 담그는 것과 같으랴."

"어떤 것이 부끄러움이 아주 없는 사람입니까?"

"공왕(空王)은 무생전(無生殿)에 앉은 바 없고, 가섭당(迦葉堂) 앞에 등불을 켠 바 없다."

問如何是衲衣下事。師曰。一片玉輪今古在。豈同漁父夜沈鉤。問如何是大勿慚愧底人。師曰。空王不坐無生殿。迦葉堂前不點燈。

 토끼뿔

"깨끗한 기틀의 한 구절이 밝게 드러나 만나는 것이 없을 때에는 어떠합니까?" 했을 때

대원은 "그렇다면 만나주지." 하며 한 대 때렸을 것이다.
"험."

색 인 표

ㄱ

가경(제9세)(24권)
가관 선사(19권)
가나제바(2권)
가문 선사(16권)
가비마라(1권)
가선 선사(26권)
가섭불(1권)
가야사다(2권)
가지 선사(10권)
가홍 선사(26권)
가훈 선사(26권)
가휴 선사(19권)
가휴(제2세)(24권)
간 선사(22권)
감지 행자(10권)
감홍 선사(15권)
강 선사(21권)
거방 선사(4권)
거회 선사(16권)
건봉 화상(17권)
계학산 화상(19권)
견숙 선사(8권)
겸 선사(20권)
경 선사(23권)
경산 감종(10권)
경산 홍인(11권)
경상(관음원)(26권)
경상(숭복원)(26권)
경소 선사(26권)
경여(제2세)(24권)
경잠 초현(10권)
경조 현자(17권)
경조미 화상(11권)
경준 선사(25권)
경진 선사(26권)
경탈 화상(22권)
경탈 화상(29권)

경통 선사(12권)
경현 선사(26권)
경혜 선사(15권)
경혼 선사(16권)
계눌 선사(21권)
계달 선사(24권)
계변 선사(19권)
계여 암주(21권)
계유 선사(23권)
계조 선사(25권)
계종 선사(24권)
계침 선사(21권)
계허 선사(10권)
고 선사(12권)
고사 화상(8권)
고정 화상(10권)
고정간선사(16권)
고제 화상(9권)
곡산 화상(23권)
곡산장 선사(16권)
곡은 화상(15권)
공기 화상(9권)
곽산 화상(11권)
관계 지한 선사(12권)
관남 장로(30권)
관음 화상(22권)
관주 나한(24권)
광 선사(14권)
광과 선사(23권)
광달 선사(25권)
광덕(제1세)(20권)
광목 선사(12권)
광법 행흠(24권)
광보 선사(13권)
광산 화상(23권)
광오 선사(22권)
광오(제4세)(17권)
광용 선사(12권)

광우 선사(24권)
광원 화상(26권)
광인 선사(15권)
광인 선사(17권)
광일 선사(20권)
광일 선사(25권)
광제 화상(20권)
광징 선사(8권)
광혜진 선사(13권)
광화 선사(20권)
괴성 선사(26권)
교 화상(12권)
교연 선사(18권)
구 화상(24권)
구나함모니불(1권)
구류손불(1권)
구마라다(2권)
구봉 도건(16권)
구봉 자혜(11권)
구산 정원(10권)
구산 화상(21권)
구종산 화상(15권)
구지 화상(11권)
굴다삼장(5권)
귀 선사(22권)
귀본 선사(19권)
귀신 선사(23권)
귀인 선사(20권)
귀정 선사(13권)
귀종 지상(7권)
규봉 종밀(13권)
근 선사(26권)
금륜 화상(22권)
금우 화상(8권)
기림 화상(10권)

ㄴ

나찬 화상(30권)

나한 화상(11권)
나한 화상(24권)
낙보 화상(30권)
남대 성(21권)
남대 화상(20권)
남악 남대(20권)
남악 회양(5권)
남원 화상(12권)
남원 화상(19권)
남전 보원(8권)
낭 선사(23권)
내 선사(22권)
녹 화상(21권)
녹수 화상(11권)
녹원 화상(13권)
녹원휘 선사(16권)
녹청 화상(15권)

ㄷ

다복 화상(11권)
단기 선사(23권)
단하 천연(14권)
달 화상(24권)
담공 화상(12권)
담권(제2세)(20권)
담명 화상(23권)
담장 선사(8권)
담조 선사(10권)
담최 선사(4권)
대각 선사(12권)
대각 화상(12권)
대동 선사(15권)
대랑 화상(23권)
대력 화상(24권)
대령 화상(17권)
대모 화상(10권)
대범 화상(20권)
대비 화상(12권)

색인표 231

색 인 표

대승산 화상(23권)
대안 선사(9권)
대양 화상(8권)
대육 선사(7권)
대의 선사(7권)
대전 화상(14권)
대주 혜해(6권)
대천 화상(14권)
덕겸 선사(23권)
덕부 스님(29권)
덕산 선감(15권)
덕산(제7세)(20권)
덕소 국사(25권)
덕해 선사(22권)
도 선사(21권)
도간(제2세)(20권)
도건 선사(23권)
도견 선사(26권)
도겸 선사(23권)
도광 선사(21권)
도단 선사(26권)
도림 선사(4권)
도명 선사(4권)
도명 선사(6권)
도부 선사(18권)
도부 대사(19권)
도상 선사(10권)
도상 선사(25권)
도수 선사(4권)
도신 대사(3권)
도연 선사(20권)
도오(관남)(11권)
도오(천황)(14권)
도원 선사(26권)
도유 선사(17권)
도은 선사(21권)
도은 선사(23권)
도응 선사(17권)

도자 선사(26권)
도잠 선사(25권)
도전 선사(17권)
도전(제12세)(24권)
도제(제11세)(26권)
도통 선사(6권)
도한 선사(17권)
도한 선사(22권)
도행 선사(6권)
도헌 선사(12권)
도흠 선사(25권)
도흠 선사(4권)
도흠(제2세)(24권)
도회 선사(21권)
도회 선사(22권)
동계 화상(20권)
동봉 암주(12권)
동산 양개(15권)
동산혜 화상(9권)
동선 화상(19권)
동안 화상(8권)
동안 화상(16권)
동정 화상(23권)
동천산 화상(20권)
동탑 화상(12권)
둔유 선사(17권)
득일 선사(21권)
등등 화상(30권)

ㄹ

라후라다(2권)

ㅁ

마나라(2권)
마명 대사(1권)
마조 도일(6권)
마하가섭(1권)
만 선사(22권)

만세 화상(9권)
만세 화상(12권)
명 선사(17권)
명 선사(22권)
명 선사(23권)
명교 선사(22권)
명달소안(제4세)(26)권
명법 대사(21권)
명변 대사(22권)
명식 대사(22권)
명오 대사(22권)
명원 대사(21권)
명진 대사(19권)
명진 선사(21권)
명철 선사(7권)
명철 선사(14권)
명혜 대사(24권)
명혜 선사(22권)
모 화상(17권)
자사진조(12권)
몽계 화상(8권)
몽필 화상(19권)
묘공 대사(21권)
묘과 대사(21권)
무등 선사(7권)
무료 선사(8권)
무업 선사(8권)
무염 대사(12권)
무원 화상(15권)
무은 선사(17권)
무일 선사(24권)
무주 선사(4권)
무휴 선사(20권)
문 화상(22권)
문수 선사(17권)
문수 선사(25권)
문수 화상(16권)
문수 화상(20권)

문습 선사(24권)
문언 선사(19권)
문의 선사(21권)
문익 선사(24권)
문흠 선사(22권)
문희 선사(12권)
미령 화상(12권)
미령 화상(8권)
미선사(제2세)(23권)
미차가(1권)
미창 화상(12권)
미창 화상(14권)
민덕 화상(12권)

ㅂ

바사사다(2권)
바수밀(1권)
바수반두(2권)
박암 화상(17권)
반산 화상(15권)
반야다라(2권)
방온 거사(8권)
배도 선사(30권)
배휴(12권)
백거이(10권)
백곡 화상(23권)
백령 화상(8권)
백수사화상(16권)
백운 화상(24권)
백운약 선사(15권)
범 선사(20권)
범 선사(23권)
법건 선사(26권)
법괴 선사(26권)
법단 대사(11권)
법달 선사(5권)
법등 태흠(30권)
법만 선사(13권)

색 인 표

법보 선사(22권)
법상 선사(7권)
법운 대사(22권)
법운공(27권)
법응 선사(4권)
법의 선사(20권)
법제 선사(23권)
법제(제2세)(26권)
법지 선사(4권)
법진 선사(11권)
법해 선사(5권)
법현 선사(24권)
법회 선사(6권)
변륭 선사(26권)
변실(제2세)(26권)
보 선사(22권)
보개산 화상(17권)
보개약 선사(16권)
보광 혜심(24권)
보광 화상(14권)
보리달마(3권)
보만 대사(17권)
보명 대사(19권)
보문 대사(19권)
보봉 신당(17권)
보봉 화상(15권)
보수 화상 (12권)
보수소 화상(12권)
보승 선사(24권)
보안 선사(9권)
보운 선사(7권)
보응 화상(12권)
보적 선사(7권)
보지 선사(27권)
보철 선사(7권)
보초 선사(24권)
보화 화상(10권)
보화 화상(24권)

복계 화상(8권)
복룡산(제1세)(17권)
복룡산(제2세)(17권)
복룡산(제3세)(17권)
복림 선사(13권)
복분 암주(12권)
복선 화상(26권)
복수 화상(13권)
복타밀다(1권)
본계 화상(8권)
본동 화상(14권)
본선 선사(26권)
본인 선사(17권)
본정 선사(5권)
봉 선사(11권)
봉 화상(23권)
봉린 선사(20권)
부강 화상(11권)
부나야사(1권)
부배 화상(8권)
부석 화상(11권)
불암휘 선사(12권)
불여밀다(2권)
불오 화상(8권)
불일 화상(20권)
불타 화상(14권)
불타난제(1권)
붕언 대사(26권)
비 선사(20권)
비구니 요연(11권)
비마암 화상(10권)
비바시불(1권)
비사부불(1권)
비수 화상(8권)
비전복 화상(16권)

ㅅ

사 선사(23권)

사건 선사(17권)
사구 선사(26권)
사귀 선사(22권)
사내 선사(19권)
사눌 선사(21권)
사명 선사(12권)
사명 화상((15권)
사밀 선사(23권)
사보 선사(23권)
사선 화상(16권)
사야다(2권)
사언 선사(17권)
사욱 선사(18권)
사위 선사(20권)
사자 존자(2권)
사정 상좌(21권)
사조 선사(10권)
사지 선사(26권)
사진 선사(22권)
사해 선사(11권)
사호 선사(26권)
삼상 화상(20권)
삼성 혜연(12권)
삼양 암주(12권)
상 선사(22권)
상 화상(22권)
상각 선사(24권)
상관 선사(9권)
상나화수(1권)
상전 화상(26권)
상진 선사(23권)
상찰 선사(17권)
상통 선사(11권)
상혜 선사(21권)
상홍 선사(7권)
서 선사(19권)
서륭 선사(25권)
서목 화상(11권)

서선 화상(10권)
서선 화상(20권)
서암 화상(17권)
석가모니불(1권)
석경 화상(23권)
석구 화상(8권)
석두 희천(14권)
석루 화상(14권)
석림 화상(8권)
석상 경제(15권)
석상 대선 (8권)
석상 성공(9권)
석상휘 선사(16권)
석제 화상(11권)
석주 화상(16권)
선각 선사(8권)
선도 선사(20권)
선도 화상(14권)
선미(제3세)(26권)
선본 선사(17권)
선상 대사(22권)
선소 선사(13권)
선소 선사(24권)
선자 덕성(14권)
선장 선사(17권)
선정 선사(20권)
선천 화상(14권)
선최 선사 (12권)
선혜 대사(27권)
설봉 의존(16권)
성공 선사(14권)
성선사(제3세)(20권)
성수엄 선사(17권)
소 화상(22권)
소계 화상(30권)
소명 선사(26권)
소산 화상(30권)
소수 선사(24권)

색 인 표

소암 선사(25권)
소요 화상(8권)
소원(제4세)(24권)
소자 선사(23권)
소종 선사(12권)
소진 대사 (12권)
소현 선사(25권)
송산 화상(8권)
수 선사(24권)
수계 화상(8권)
수공 화상(14권)
수눌 선사(19권)
수눌 선사(26권)
수당 화상(8권)
수로 화상(8권)
수룡산 화상(21권)
수륙 화상(12권)
수빈 선사(21권)
수산 성념(13권)
수안 선사(24권)
수월 대사(21권)
수유산 화상(10권)
수인 선사(25권)
수진 선사(24권)
수청 선사(22권)
순지 대사(12권)
숭 선사(22권)
숭교 대사(23권)
숭산 화상(10권)
숭은 화상(16권)
숭진 화상(23권)
숭혜 선사(4권)
습득(27권)
승 화상(23권)
승가 화상(27권)
승가난제(2권)
승광 화상(11권)
승나 선사(3권)

승둔 선사(26권)
승밀 선사(15권)
승일 선사(16권)
승찬 대사(3권)
시기불(1권)
시리 선사(14권)
신건 선사(11권)
신당 선사(17권)
신라 청원(17권)
신록 선사(23권)
신수 선사(4권)
신안 국사(18권)
신장 선사(8권)
신찬 선사(9권)
실성 대사(22권)
심 선사(23권)
심철 선사(20권)
쌍계전도자(12권)

ㅇ

아난 존자(1권)
악록산 화상(22권)
안선사(제1세)(20권)
암 화상(20권)
암두 전활(16권)
암준 선사(15권)
앙산 혜적(11권)
애 선사(23권)
약산 유엄(14권)
약산(제7세)(23권)
약산고 사미(14권)
양 선사(6권)
양 좌주(8권)
양광 선사(25권)
양수 선사(9권)
언단 선사(22권)
언빈 선사(20권)
엄양 존자(11권)

여눌 선사(15권)
여만 선사(6권)
여민 선사(11권)
여보 선사(12권)
여신 선사(22권)
여체 선사(19권)
여회 선사(7권)
역촌 화상(12권)
연 선사(21권)
연관 선사(24권)
연교 대사(12권)
연규 선사(25권)
연덕 선사(26권)
연무 선사(17권)
연수 선사(26권)
연수 화상(23권)
연승 선사(26권)
연종 선사(19권)
연화(제2세)(23권)
연화상(제2세)(23권)
영 선사(19권)
영가 현각(5권)
영각 화상(20권)
영감 선사(26권)
영감 화상(23권)
영관사(12권)
영광 선사(24권)
영규 선사(15권)
영도 선사(5권)
영명 대사(18권)
영묵 선사(7권)
영서 화상(13권)
영숭(제1세)(23권)
영안(제5세)(26권)
영암 화상(23권)
영엄 선사(23권)
영운 지근(11권)
영준 선사(15권)

영초 선사(16권)
영태 화상(19권)
영평 선사(23권)
영함 선사(21권)
영훈 선사(10권)
오공 대사(23권)
오공 선사(24권)
오구 화상(8권)
오운 화상(30권)
오통 대사(23권)
온선사(제1세)(20권)
와관 화상(16권)
와룡 화상(17권)
와룡 화상(20권)
왕경초상시(11권)
요 화상(23권)
요각(제2세)(21권)
요공 대사(21권)
요산 화상(11권)
요종 대사(21권)
용 선사(20권)
용수 존자(1권)
용계 화상(20권)
용광 화상(20권)
용담 숭신(14권)
용산 화상(8권)
용아 거둔(17권)
용운대 선사(9권)
용준산 화상(17권)
용천 화상(23권)
용청 선사(26권)
용혈산 화상(23권)
용회 도심(30권)
용흥 화상(17권)
우녕 선사(26권)
우두미 선사(15권)
우바국다(1권)
우섬 선사(26권)

색 인 표

우안 선사(26권)
우연 선사(21권)
우연 선사(22권)
우진 선사(26권)
운개 지한(17권)
운개경 화상(17권)
운산 화상(12권)
운암 담성(14권)
운주 화상(20권)
운진 선사(23권)
원 선사(22권)
원 화상(23권)
원광 선사(23권)
원규 선사(4권)
원명 선사(11권)
원명(제3세)(23권)
원명(제9세)(22권)
원소 선사(26권)
원안 선사(16권)
원엄 선사(19권)
원제 선사(26권)
원조 대사(23권)
원지 선사(14권)
원지 선사(21권)
월륜 선사(16권)
월화 화상(24권)
위 선사(20권)
위국도 선사(9권)
위부 화엄(30권)
위산 영우(9권)
유 선사(24권)
유 화상(24권)
유건 선사(6권)
유경 선사(29권)
유계 화상(15권)
유관 선사(7권)
유연 선사(17권)
유원 화상(8권)

유장 선사(20권)
유정 선사(4권)
유정 선사(6권)
유정 선사(9권)
유칙 선사(4권)
육긍 대부(10권)
육통원소선사(17권)
윤 선사(22권)
윤 스님(29권)
은미 선사(23권)
은봉 선사(8권)
응천 화상(11권)
의능(제9세)(26권)
의륜 선사(26권)
의소 화상(23권)
의안 선사(14권)
의원 선사(26권)
의유(제13세)(26권)
의인 선사(23권)
의전 선사(26권)
의초 선사(12권)
의총 선사(22권)
의충 선사(14권)
이산 화상(8권)
이종 선사(10권)
인 선사(19권)
인 선사(22권)
인 화상(23권)
인검 선사(4권)
인종 화상(5권)
인혜 대사(18권)
일용 화상(11권)
일자 화상(10권)
임전 선사(19권)
임제 의현(12권)
임천 화상(22권)

ㅈ

자광 화상(23권)
자국 화상(16권)
자동 화상(11권)
자만 선사(6권)
자복 화상(22권)
자재 선사(7권)
자화 선사(22권)
장 선사(20권)
장 선사(23권)
장경 혜릉(18권)
장용 선사(22권)
장이 선사(10권)
장평산 화상(12권)
적조 선사(21권)
전긍 선사(26권)
전법 화상(23권)
전부 선사(12권)
전식 선사(4권)
전심 대사(21권)
전은 선사(24권)
전초 선사(20권)
정 선사(21권)
정과 선사(20권)
정수 대사(22권)
정수 선사(13권)
정오 대사(21권)
정오 선사(20권)
정원 화상(23권)
정조 혜동(26권)
정혜 선사(24권)
정혜 화상(21권)
제 선사(25권)
제다가(1권)
제봉 화상(8권)
제안 선사(7권)
제안 화상(10권)
조 선사(9권)
조 선사(22권)

조산 본적(17권)
조수(제2세)(24권)
조주 종심(10권)
존수 선사(16권)
종괴 선사(21권)
종귀 선사(22권)
종랑 선사(11권)
종범 선사(17권)
종선 선사(24권)
종성 선사(23권)
종습 선사(19권)
종실 선사(23권)
종의 선사(26권)
종일 선사(21권)
종일 선사(26권)
종전 선사(19권)
종정 선사(19권)
종지 선사(20권)
종철 선사(12권)
종현 선사(25권)
종혜 대사(23권)
종효 선사(21권)
종혼 선사(21권)
주 선사(24권)
주지 선사(21권)
준 선사(24권)
준고 선사(15권)
중도 화상(20권)
중만 선사(23권)
중운개 화상(16권)
중흥 선사(15권)
증각 선사(23권)
증선사(제2세)(20권)
지 선사(4권)
지견 선사(6권)
지관 화상(12권)
지구 선사(22권)
지균 선사(25권)

색 인 표

지근 선사(26권)
지단 선사(22권)
지덕 대사(21권)
지도 선사(5권)
지륜 선사(24권)
지묵(제2세)(22권)
지봉 대사(26권)
지봉 선사(4권)
지부 선사(18권)
지상 선사(5권)
지성 선사(5권)
지암 선사(4권)
지엄 선사(24권)
지옹(제3세)(24권)
지원 선사(16권)
지원 선사(17권)
지원 선사(21권)
지위 선사(4권)
지은 선사(24권)
지의 대사(25권)
지의 선사(27권)
지의 화상(12권)
지장 선사(7권)
지장 화상(24권)
지적 선사(22권)
지조(제3세)(23권)
지진 선사(9권)
지징 대사(26권)
지철 선사(5권)
지통 선사(10권)
지통 선사(5권)
지행(제2세)(23권)
지황 선사(5권)
지휘 선사(20권)
진 선사(20권)
진 선사(23권)
진 존숙(12권)
진각 대사(18권)

진각 대사(24권)
진감(제4세)(23권)
진랑 선사(14권)
진응 선사(13권)
진적 선사(21권)
진적 선사(23권)
진화상(제3세)(23권)
정 선사(22권)
정 화상(24권)
징개 선사(24권)
징원 선사(22권)
징정 선사(21권)
징조 대사(15권)

ㅊ

찰 선사(29권)
창선사(제3세)(20권)
책진 선사(25권)
처미 선사(9권)
처진 선사(20권)
천개유 선사(16권)
천룡 화상(10권)
천복 화상(15권)
천왕원 화상(20권)
천태 화상(17권)
청간 선사(12권)
청교 선사(23권)
청면(제2세)(23권)
청모 선사(24권)
청법 선사(21권)
청석 선사(25권)
청양 선사(13권)
청요 선사(23권)
청용 선사(25권)
청욱 선사(26권)
청원 화상(17권)
청원 행사(5권)

청좌산 화상(20권)
청진 선사(23권)
청품(제8세)(23권)
청해 선사(23권)
청해 선사(24권)
청호 선사(21권)
청환 선사(21권)
청활 선사(22권)
초 선사(20권)
초남 선사(12권)
초당 화상(8권)
초복 화상(15권)
초오 선사(19권)
초증 대사(18권)
초훈(제4세)(24권)
총인 선사(7권)
추산 화상(17권)
충언(제8세)(23권)
취미 무학(14권)
칙천 화상(8권)
침 선사(22권)

ㅌ

타지 화상(8권)
태원부 상좌(19권)
태흠 선사(25권)
통 선사(17권)
통 선사(19권)
통법 도성(26권)
통변 도홍(26권)
통화상(제2세)(24권)
투자 감온(15권)

ㅍ

파조타 화상(4권)
파초 화상(16권)
파초 화상(20권)

포대 화상(27권)
풍 선사(23권)
풍간 선사(27권)
풍덕사 화상(12권)
풍혈 연소(13권)
풍화 화상(20권)

ㅎ

하택 신회(5권)
학특나(2권)
학림 선사(4권)
한 선사(10권)
한산자(27권)
함계 선사(17권)
함광 선사(24권)
함택 선사(21권)
항마장 선사(4권)
해안 선사(16권)
해호 화상(16권)
행랑 선사(23권)
행명 대사(26권)
행수 선사(17권)
행숭 선사(22권)
행애 선사(23권)
행언 도사(25권)
행인 선사(23권)
행전 선사(20권)
행주 선사(19권)
행충(제1세)(23권)
향 거사(3권)
향성 화상(20권)
향엄 지한(11권)
향엄의단선사(10권)
헌 선사(20권)
현눌 선사(19권)
현량 선사(24권)
현밀 선사(23권)
현사 사비(18권)

색 인 표

현소 선사(4권)
현오 선사(20권)
현정 대사(4권)
현지 선사(24권)
현진 선사(10권)
현책 선사(5권)
현천언 선사(17권)
현천(제2세)(23권)
현칙 선사(25권)
현태 상좌(16권)
현통 선사(18권)
협 존자(1권)
협산 선회(15권)
혜 선사(20권)
혜 선사(22권)
혜 선사(23권)
혜가 대사(3권)
혜각 대사(21권)
혜각 선사(11권)
혜거 국사(25권)
혜거 선사(20권)
혜거 선사(26권)
혜공 선사(16권)
혜광 대사(23권)
혜능 대사(5권)
혜달 선사(26권)
혜랑 선사(14권)
혜랑 선사(21권)
혜랑 선사(26권)
혜럼 선사(22권)
혜류 대사(22권)
혜만 선사(3권)
혜명 선사(25권)
혜방 선사(4권)
혜사 선사(27권)
혜성 선사(14권)
혜성(제14세)(26권)
혜안 국사(4권)

혜오 선사(21권)
혜원 선사(25권)
혜월법단(제3세)(26권)
혜일 대사(11권)
혜장 선사(6권)
혜제 선사(25권)
혜종 선사(17권)
혜철(제2세)(23권)
혜청 선사(12권)
혜초 선사(9권)
혜충 국사(5권)
혜충 선사(4권)
혜충 선사(23권)
혜하 대사(20권)
혜해 선사(20권)
호감 대사(22권)
호계 암주(12권)
홍구 선사(12권)
홍나 화상(8권)
홍변 선사(9권)
홍엄 선사(21권)
홍은 선사(6권)
홍인 대사(3권)
홍인 선사(22권)
홍장(제4세)(23권)
홍제 선사(23권)
홍진 선사(24권)
홍천 선사(16권)
홍통 선사(20권)
화룡 화상(23권)
화림 화상(14권)
화산 화상(17권)
화엄 화상(20권)
환보 선사(16권)
환중 선사(9권)
황룡(제2세)(26권)
황벽 희운(9권)
회기 대사(23권)

회악 선사(18권)
회악(제4세)(20권)
회우 선사(16권)
회운 선사(7권)
회운 선사(20권)
회정 선사(9권)
회주 선사(23권)
회초(제2세)(23권)
회충 선사(16권)
회통 선사(4권)
회해 선사(6권)
횡룡 화상(23권)
효료 선사(5권)
효영(제5세)(26권)
효오 대사(21권)
후 화상(22권)
후동산 화상(20권)
후초경 화상(22권)
휴정 선사(17권)
흑간 화상(8권)
흑수 화상(24권)
흑안 화상(8권)
홍고 선사(23권)
홍법 대사(18권)
홍평 화상(8권)
홍화 존장(12권)
희변 선사(26권)
희봉 선사(25권)
희원 선사(26권)

부록은 농선 대원 선사님의 인가 내력과 법어 그리고 대원 선사님께서 직접 작사하신 노래 가사를 실었다. 특히 요즘 선지식 없이 공부하는 이들을 위하여 수행의 길로부터 불보살님의 누림까지 닦아 증득할 수 있도록 '부록4'에 '가슴으로 부르는 불심의 노래' 가사를 담았으니 끝까지 정독하여 수행의 요긴한 지침이 되기를 바란다.

부 록

부록1 농선 대원 선사님 인가 내력 241

부록2 농선 대원 선사님 법어 249

부록3 21세기에 인류가 해야 할 일 261

부록4 가슴으로 부르는 불심의 노래 265

농선 대원 선사님 인가 내력

제 1 오도송

이 몸을 끄는 놈 이 무슨 물건인가?
골똘히 생각한 지 서너 해 되던 때에
쉬이하고 불어온 솔바람 한 소리에
홀연히 대장부의 큰 일을 마치었네

무엇이 하늘이고 무엇이 땅이런가
이 몸이 청정하여 이러-히 가없어라
안팎 중간 없는 데서 이러-히 응하니
취하고 버림이란 애당초 없다네

하루 온종일 시간이 다하도록
헤아리고 분별한 그 모든 생각들이
옛 부처 나기 전의 오묘한 소식임을
듣고서 의심 않고 믿을 이 누구인가!

此身運轉是何物
疑端汨沒三夏來
松頭吹風其一聲
忽然大事一時了

何謂靑天何謂地
當體淸淨無邊外
無內外中應如是
小分取捨全然無

一日於十有二時
悉皆思量之分別
古佛未生前消息
聞者卽信不疑誰

    대원 선사님의 스승이신 불조정맥 제77조 조계종(曹溪宗) 전강(田岡) 대선사님께서 1962년 대구 동화사의 조실로 계실 당시 대원 선사님께서도 동화사에 함께 머무르고 계셨다.
    하루는 전강 대선사님께서 대원 선사님의 3연으로 되어 있는 제1오

도송을 들어 깨달은 바는 분명하나 대개 오도송은 짧게 짓는다고 말씀
하셨다. 이에 대원 선사님께서는 제1오도송을 읊은 뒤, 도솔암을 떠나
김제들을 지나다가 석양의 해와 달을 보고 문득 읊었던 제2오도송을
일러드렸다.

　　제 2 오도송

　해는 서산 달은 동산 덩실하게 얹혀 있고
　김제의 평야에는 가을빛이 가득하네
　대천이란 이름자도 서지를 못하는데
　석양의 마을길엔 사람들 오고 가네

　日月兩嶺載同模
　金提平野滿秋色
　不立大千之名字
　夕陽道路人去來

제2오도송을 들으신 전강 대선사님께서는 이에 그치지 않고 그와 같
은 경지를 담은 게송을 이 자리에서 즉시 한 수 지어볼 수 있겠냐고 하
셨다. 대원 선사님께서는 곧바로 다음과 같이 읊으셨다.

　바위 위에는 솔바람이 있고
　산 아래에는 황조가 날도다

대천도 흔적조차 없는데
달밤에 원숭이가 어지러이 우는구나

岩上在松風
山下飛黃鳥
大千無痕迹
月夜亂猿啼

 전강 대선사님께서는 위 송의 앞의 두 구를 들으실 때만 해도 지그시 눈을 감고 계시다가 뒤의 두 구를 마저 채우자 문득 눈을 뜨고 기뻐하는 빛이 역력하셨다.
 그러나 전강 대선사님께서는 여기에서도 그치지 않고 다시 한 번 물으셨다.
 "대중들이 자네를 산으로 불러내어 그 중에 법성(향곡 스님 법제자인 진제 스님. 동화사 선방에 있을 당시에 '법성'이라 불렸고, 나중에 '법원'으로 개명하였다.)이 달마불식(達磨不識) 도리를 일러보라 했을 때 '드러났다'라고 답했다는데, 만약에 자네가 당시의 양무제였다면 '모르오'라고 이르고 있는 달마 대사에게 어떻게 했겠는가?"
 대원 선사님께서 답하셨다.
 "제가 양무제였다면 '성인이라 함도 서지 못하나 이러-히 짐의 덕화와 함께 어우러짐이 더욱 좋지 않겠습니까?' 하며 달마 대사의 손을 잡아 일으켰을 것입니다."
 전강 대선사님께서 탄복하며 말씀하셨다.
 "어느새 그 경지에 이르렀는가?"

"이르렀다곤들 어찌하며, 갖추었다곤들 어찌하며, 본래라곤들 어찌하리까? 오직 이러-할 뿐인데 말입니다."

대원 선사님께서 연이어 말씀하시자 전강 대선사님께서 이에 환희하시니 두 분이 어우러진 자리가 백아가 종자기를 만난 듯, 고수명창 어울리듯 화기애애하셨다.

달마불식 공안에 대한 위의 문답은 내력이 있는 것이다. 전강 대선사님께서 대원선사님을 부르시기 며칠 전에, 저녁 입선 시간 중에 노장님 몇 분만이 자리에 앉아있을 뿐 자리가 텅텅 비어 있었다고 한다.

대원 선사님께서 이상히 여기고 있던 중, 밖에서 한 젊은 수좌가 대원선사님을 불렀다. 그 수좌의 말이 스님들이 모두 윗산에 모여 기다리고 있으니 가자고 하기에 무슨 일인가 하고 따라가셨다.

그러자 그 자리에 있던 법성 스님이 보자마자 달마불식 법문을 들고 이르라고 하기에 지체없이 답하셨다.

"드러났다."

곁에 계시던 송암 스님께서 또 안수정등 법문을 들고 물으셨다.

"여기서 어떻게 살아나겠소?"

대뜸 큰소리로 이르셨다.

"안·수·정·등."

이에 좌우에 모인 스님들이 함구무언(緘口無言)인지라 대원 선사님께서는 먼저 그 자리를 떠나 내려와 버리셨다.

그 다음날 입승인 명허 스님께서 아침 공양이 끝난 자리에서 지난 밤 입선시간 중에 무단으로 자리를 비운 까닭을 묻는 대중 공사를 붙여산 중에서 있었던 일들이 낱낱이 드러나고 말았다. 그리하여 입선시간 중에 자리를 비운 스님들은 가사 장삼을 수하고 조실인 전강 대선사님께 참회의 절을 했던 일이 있었다.

　전강 대선사님께서는 이때에 대원 선사님께서 달마불식 도리에 대해 일렀던 경지를 점검하셨던 것이다.

　이런 철저한 검증의 자리가 있었던 다음 날, 전강 대선사님께서 부르시기에 대원 선사님께서 가보니 모든 것이 약조된 데에서 주지인 월산(月山) 스님께서 입회해 계셨으며 전강 대선사님께서는 곧바로 다음과 같이 전법게(傳法偈)를 전해주셨다.

　　　전 법 게

　부처와 조사도 일찍이 전한 것이 아니거늘
　나 또한 어찌 받았다 하며 준다 할 것인가
　이 법이 2천년대에 이르러서
　널리 천하 사람을 제도하리라

　佛祖未曾傳
　我亦何受授
　此法二千年
　廣度天下人

　덧붙여 이 일은 월산 스님이 증인이며 2000년까지 세 사람 모두 절대 다른 사람이 알게 하거나 눈에 띄게 하지 않아야 한다고 당부하셨다.

 만약 그러지 않을 시에는 대원 선사님께서 법을 펴 나가는데 장애가 있을 것이라고 예언하셨다. 또한 각별히 신변을 조심하라 하시고 월산 스님에게 명령해 대원선사님을 동화사의 포교당인 보현사에 내려가 교화에 힘쓰게 하셨다.

 대원 선사님께서 보현사로 떠나는 날, 전강 대선사님께서는 미리 적어두셨던 부송(付頌)을 주셨으니 다음과 같다.

부 송

어상을 내리지 않고 이러-히 대한다 함이여
뒷날 돌아이가 구멍 없는 피리를 불리니
이로부터 불법이 천하에 가득하리라

不下御床對如是
後日石兒吹無孔
自此佛法滿天下

 위의 게송에서 '어상을 내리지 않고 이러-히 대한다 함이여'라는 첫째 줄 역시 내력이 있는 구절이다.

 전에 대원 선사님께서 전강 대선사님을 군산 은적사에서 모시고 계실 당시 마당에서 홀연히 마주쳤을 때 다음과 같은 문답이 있었다.

 전강 대선사님께서 물으셨다.

 "공적(空寂)의 영지(靈知)를 이르게."

대원 선사님께서 대답하셨다.
"이러-히 스님과 대담(對談)합니다."
"영지의 공적을 이르게."
"스님과의 대담에 이러-합니다."
"어떤 것이 이러-히 대답하는 경지인가?"
"명왕(明王)은 어상(御床)을 내리지 않고 천하 일에 밝습니다."
위와 같은 문답 중에 대원 선사님께서 답하신 경지를 부송의 첫째 줄에 담으신 것이다.

전강 대선사님께서 대원선사님을 인가(印可)하신 과정을 볼 때 한 번, 두 번, 세 번을 확인하여 철저히 점검하신 명안종사의 안목에 탄복하지 않을 수 없으며 이에 끝까지 1초의 머뭇거림도 없이 명철하셨던 대원선사님께 찬탄하지 않을 수 없다.
그리하여 법열로 어우러진 두 분의 자리가 재현된 듯 함께 환희용약하지 않을 수 없다.

이제 전강 대선사님과 약속한 2천년대를 맞이하였으므로 여기에 전법게를 밝힌다.
이로써 경허, 만공, 전강 대선사님으로 내려온 근대 대선지식의 정법의 횃불이 이 시대에 이어져 전강 대선사님의 예언대로 불법이 천하에 가득할 것이다.

농선 대원 선사님 법어

　깨달음은 실증실수다. 그러나 지금의 불교가 잘못된 견해와 지식으로 불조의 가르침을 왜곡하고 견성성불 하고자 애쓰는 수행인들을 오히려 길을 잃고 헤매게 하고 있다.

　그래서 이 장에서는 대원 선사님의 혜안으로 제방에서 논의되는 불교의 핵심적인 대목을 밝혀, 불조의 근본 종지를 드러내고 불교가 나아가야 할 바를 보였다.

　깨달음의 정수를 담은 12게송은 실제 깨닫지 못하고 말로만 깨달음을 말하거나 혹은 깨달았다 해도 보림이 미진한 이들을 경계하게 하며 실증의 바탕에서 닦아 증득할 수 있도록 하였으니, 생사를 결단하고 본연한 참나를 회복하려는 이들에게 칠흑 같은 밤길에 등불과 같은 길잡이가 될 것이다.

개유불성

부처님께서 분명히 준동함령 개유불성(蠢動含靈 皆有佛性)이라고 하셨다. 이것은 모든 만물이 다 부처가 될 성품을 갖고 있다는 뜻이다. 불성이 하나라고 주장하는 목소리가 불교계에 드높으나 이것은 개유불성 즉, 낱낱이 제 불성은 제가 지니고 있다는 부처님의 말씀을 정면으로 어기는 말이다.

옛 선사님 말씀에 '천지(天地)가 여아동근(與我同根)이고 만물(万物)이 여아일체(與我一切)'라고 했다. '천지가 여아동근이다'라는 것은 하늘 땅이 나와 더불어 같은 뿌리라는 말이다.

'나와 더불어'라고 했고 또한 한 뿌리가 아니라 같은 뿌리라고 했다. '더불 여(與)'자와 '같을 동(同)'자가 이미 하나라 할 수 없다는 것을 말해주고 있다. 즉 이 말은 하나와도 같다, 한결같이 똑같다는 말이다. 하나라면 '같을 동'자 뿐만 아니라 일이란 글자도 설 수 없다. 일은 이가 있을 때에야 비로소 설 수 있는 것이다.

그러므로 '천지가 여아동근이다' 즉 하늘과 땅이 나와 더불어 같은 뿌리라는 것은 모든 것이 한결같이 가없는 성품 자체에서 비롯되었다는 말이다.

또한 '만물이 여아일체이다' 즉 만물이 나와 더불어 한 몸이라는 말에서 일체란 하나의 몸을 말하는 것이 아니라 모든 불성이 가없는 성품 자체로 서로 상즉한 온통인 몸을 말하는 것이어서 만물이 나와 더불어 상즉한 자체를 말한 것이다.

공부를 많이 한 사람이 외도에 깊이 떨어지는 경우가 있다. 인가를 받지 못한 선지식들이 모두 체성을 보지 못한 이는 아니다. 가없는 성품 자체에 사무치고 보니 도저히 둘일 수가 없으므로 불성이 하나라고 한 것이다. 그러나 불성이 하나라고 하는 것은 바른 깨달음이 아니다. 그래서 인가를 받지 않으면 외도라 하는 것이다. 체성에 사무쳤다 해도 스승의 지도를 받아 일체종지를 이루지 못하면 이런 큰 허물을 짓는 것이다.

만약 불성이 하나라고 하는 이가 있으면 "아픈 것을 느끼는 것이 몸뚱이냐, 자성이냐?"라고 물어야 한다. 그러면 당연히 누구나 자성이라고 답할 것이다. 만약 몸뚱이가 아픔을 느끼는 것이라면 시체도 아픔을 느껴야 하기 때문이다. 이렇게 볼 때에 자성이 하나라면 누군가 아플 때 동시에 모두 아픔을 느껴야 할 것이다. 또한 한 사람이 생각을 일으킬 때 이를 모두 알아야 한다. 불성이 하나라면 마음도 하나여서 다른 마음이 있을 수 없기 때문이다.

희비송(喜悲頌)

이름도 없고 상도 없는 일 없는 사람이
태평의 노래를 흥에 취해 불렀더니
때도 없고 끝도 없는 구제의 일이
대천세계에 충만히 펼쳐졌네

無名無相無事人
太平之歌唱興醉
無時無端救濟事
大千世界布充滿

정신송(正信頌)

이름도 없고 상도 없는 이 바탕인 몸이여
이 바탕을 깨달은 믿음이라야 이 바른 믿음이라
이와 같은 믿음이 없이는 마음이 나라 말라
눈 광명이 땅에 떨어질 때 한이 만단이나 되리라

無名無相是地體
悟地之信是正信
若無是信莫心我
眼光落地恨萬端

진심송(眞心頌)

이름도 없고 상도 없는 이 진공이여
공이라는 공은 공이라 함마저도 없는 이 참 바탕이라
이와 같은 바탕이라야 이 공인 몸이니
이와 같은 몸이 아니면 참다운 마음이 아니니라

無名無相是眞空
空空無空是眞地
如是之地是空體
如是非體非眞心

업신송(業身頌)

업의 몸이란 것은 고통의 근본이요
업의 마음이란 것은 환란의 근본이니라
업의 행이란 것은 다툼의 근본이요
업의 일이란 것은 허망의 근본이니라

業身乃苦痛之本
業心乃患亂之本
業行乃鬪爭之本
業事乃虛妄之本

보림송(保任頌) 1

업의 몸을 다스리는 데는 계행이 최상이요
업의 마음을 다스리는 데는 인내가 최상이니라
계행과 인내로 잘 다스리면 보림이 순조롭고
보림이 잘 이루어지면 구경에 이르느니라

治業身之戒最上
治業心之忍最上
善治戒忍順保任
善成保任至究竟

보림송(保任頌) 2

육신의 욕망은 하나까지라도 모두 버려야 하고
육신을 향한 생각은 남음이 없이 버려야 하느니라
이와 같이 보림하면 업이 중한 사람일지라도
당생에 반드시 구경지를 성취하리라

肉身欲望捨都一
肉身向思捨無餘
如是保任重業人
當生必成究竟地

공성본질송(空性本質頌) 1

무극인 빈 성품의 본래 몸은
언어나 마음과 행위로 표현 못 하나
모든 부처님과 만물이 이로 좇아 생겼으며
궁극에 일체가 돌아가 의지할 곳이니라

無極空性之本體
言語道斷滅心行
諸佛萬物從此生
窮極一切歸依處

공성본질송(空性本質頌) 2

혼연한 빈 바탕을 이름해서 무아라 하고
무아의 다른 이름이 이 무극이니라
유정 무정이 이로 좇아 생겼으며
궁극에 일체가 돌아가 의지할 곳이니라

渾然空地名無我
無我異名是無極
有情無情從此生
窮極一切歸依處

공성본질송(空性本質頌) 3

이러-히 밝게 사무친 것을 이름해서 견성이라 하고
이 바탕에 밝게 사무쳐야 바르게 깨달은 사람이니
도를 닦는 사람은 반드시 명심해서
각자 관조하여 그릇 깨달음이 없어야 하느니라

如是明徹名見性
是地明徹正悟人
修道之人必銘心
各者觀照無非悟

21세기에 인류가 해야 할 일

이 사람은 1962년 26세 때부터 21세기에 인류에게 닥칠 공해문제, 에너지문제를 예견하고 대체에너지(무한원동기, 태양력, 파력, 풍력 등) 개발과 '울 안의 농법'을 연구하고 그 필요성을 많은 이들에게 이야기해 왔습니다.

당시에는 너무 시대를 앞서가는 이야기여서인지 일반인들이 수용하지 못하고 오히려 불신의 눈으로 바라보며 이 사람의 법마저 의심하였습니다. 하지만 현대에 있어서는 이것이 인류가 해결해야 할 가장 절박한 사안이 되어 있습니다.

'사막화방지 국제연대'를 설립한 것도 현재 인류가 해결해야 할 가장 절박한 지구환경문제를 이슈화시키고 그 해결책을 제시하여 재앙에 직면한 지구촌을 살리기 위해서입니다.

'사막화방지 국제연대'에서 추진하고 있는 사막화 방지, 지구 초원

화, 대체에너지 개발은 온 인류가 발 벗고 나서서 해야 할 일입니다.

첫 번째 사막화 방지에 있어서 기존에 해왔던 '나무심기 사업'은 천문학적인 예산과 많은 인력을 동원하고도 극도로 황폐한 사막화된 환경을 되살리는 데 실패하였습니다.

그래서 이 사람은 사막화 방지에 있어서는 '사막 해수로 사업'을 새로운 방안으로 제시하였습니다.

사막 해수로 사업은 사막화된 지역에 수도관을 매설하여 바닷물을 끌어들여서 염분에 강한 식물을 중심으로 자연생태계를 복원하는 사업입니다.

이것은 나무심기 사업으로 심은 나무들이 절대적으로 물이 부족하여 생존할 수 없었던 문제를 해결할 수 있는, 현재로서는 유일한 해결책입니다.

그러나 '사막화방지 국제연대'의 목적은 사막이 확장되는 것을 방지하자는 것이지 사막 전체를 완전히 없애자는 것은 아닙니다. 인체에서 심장이 모든 피를 전신의 구석구석까지 골고루 보내어 살아서 활동하게 하듯이 사막은 오히려 지구의 심장 역할을 하는 중요한 곳이기 때문입니다.

그래서 21세기에 있어서는 다만 사막의 확장을 방지할 뿐 아니라 사막을 어떻게 운용하느냐를 연구해야 합니다.

사막에 바둑판처럼 사방이 막힌 플륨관 수로를 설치하여 동, 서, 남, 북 어느 방향의 수로를 얼마만큼 채우느냐 비우느냐에 따라, 사막으로부터 사방 어느 방향으로든 거리까지 조절하여, 원하는 지역에 비를 내리게 하고 그치게 할 수 있습니다. 철저히 과학적인 데이터에 의해 이렇게 사막을 운용함으로써 21세기의 지구를 풍요로운 낙원시대로 만들어가야 합니다.

두 번째로 지구를 초원화할 수 있는 방안으로 3년간의 실험을 통해, 광활한 황무지 지역을 큰 비용을 들이거나 많은 인력을 동원하지 않고도 짧은 시간 내에 초지로 바꿀 수 있는 식물을 찾아냈습니다.

그것은 바로 '돌나물'입니다. 돌나물은 따로 종자를 심을 필요가 없이 헬리콥터나 비행기로 살포해도 생존, 번식할 수 있으며, 추위와 더위, 황폐한 땅에서도 살아남을 수 있는 생명력과 번식력이 강한 식물입니다.

지구환경을 되살리는 초지조성 사업에 있어서 이것이 큰 도움이 되리라 생각합니다.

세 번째의 대체에너지 개발에 있어서는 태양력, 파력, 풍력 등 1962년도부터 이 사람이 연구하고 얘기해왔던 방법들이 이미 많이 개발되어 실용화한 단계에 있습니다.

이 세 가지 일은 한 개인이나 한 국가가 할 수 있는 일이 아닙니다. 모든 국가가 앞장서서 전세계적인 사업으로 이루어져야 합니다. 모든 국가가 함께 하는 기금조성이 이루어져야 하고 기금조성에 참여한 국가는 이 시스템에 의한 전면적인 혜택을 입을 수 있도록 해야 합니다.

인류 모두가 지혜를 모아 이 일에 전력을 다한다면 인류는 유사 이래 가장 좋은 시절을 맞이하게 될 것이며, 만약 이 일을 남의 일인 양 외면한다면 극한의 재앙을 면할 수 없을 것입니다.

이 사람이 오래 전부터 얘기해왔던 '울 안의 농법'은 이미 미국 라스베이거스(Las Vegas)에서 30층짜리 '고층 빌딩 농장'으로 구현되었습니다. 그렇게 크게도 운영될 수 있지만 각자 자신의 집에서 이루어지는 '울 안의 농법'도 필요합니다.

21세기에 있어서 또 하나 인류가 만일의 사태를 대비해서 연구, 추진해야 될 일이 있다면 바닷속에서의 수중생활, 수중경작입니다.

 지구 온난화가 심화될 경우, 공기가 너무 많이 오염될 경우, 바닷물이 높아져 살 땅이 좁아질 경우 등에 대비할 때, 인류는 우주에서의 삶보다는 바닷속에서의 삶을 준비해야 합니다. 왜냐하면 그것이 훨씬 수월하고 비용도 절감할 수 있기 때문입니다.

 이렇게 깨달은 이는 이변적으로는 깨달음을 얻게 하여 영생불멸의 삶을 영위할 수 있도록 만인을 이끌어야 하며 사변적으로는 일반인이 예측할 수 없는 백 년, 천 년 앞을 내다보아 이를 미리 앞서 대비하도록 만인의 삶을 이끌어줘야 한다고 생각합니다.

 불법의 뜻은 다만 진리 전수에만 있는 것이 아니니, 만인이 서로 함께 영원한 극락을 누릴 때까지 물심양면으로, 이사일여로 베풀어 교화해야 하기 때문입니다.

가슴으로 부르는 불심의 노래

　여기에 실린 가사는 모두 농선 대원 선사님께서 직접 작사하신 것이다. 수행의 길로 들어서게끔 신심, 발심을 북돋아주는 가사로부터 수행의 길로 접어든 이의 구도의 몸부림이 담겨있는 가사, 대승의 원력을 발해서 교화하는 보살의 자비심과 함께 낙원세계를 누리는 풍류를 그려놓은 가사까지 한마디, 한마디가 생생하여 그 뜻이 뼛속 깊이 새겨지고 그 멋에 흠뻑 취하게 된다. 농선 대원 선사님께서는 거칠고 말초적인 요즘의 노래를 듣고 이러한 정서를 순화시키고자, 또한 수행의 마음을 진작시키고자 하는 뜻에서 이 가사들을 쓰셨다.

그래야지

1.
마음으로 물질로써
갖가지로 베푸는 것
생활화한 국민되어
이뤄내는 국가되세
그래야지 그래야지
얼씨구나 좀 더 좋다

그런 이웃 그런 나라
이뤄내서 사노라면
모든 나라 따르리니
그리되면 지상낙원
그래야지 그래야지
얼씨구나 좀 더 좋다

별중의 별 될 것이니
선조의 뜻 이룸이라
후손으로 할 일 해낸
자부심이 치솟누나
그래야지 그래야지
얼씨구나 좀 더 좋다

얼씨구야 절씨구야
좀 더 좋고 좀 더 좋다
얼씨구야 절씨구야
좀 더 좋고 좀 더 좋다

아리랑 아리랑 아라리요
아리랑 고개를 넘어간다

2.
그래야지 그래야지
혼자 삶이 아닌 세상
웬만하면 넘어가는
아량으로 살아가세
그래야지 그래야지
얼씨구나 좀 더 좋다

부딪히면 틀어져서
소통의 길 막히나니
그러므로 눈 감아줘
참는 것이 상책일세
그래야지 그래야지
얼씨구나 좀 더 좋다

걸린 생각 비워내서
한결같이 사노라면
복이되어 돌아옴을
실감할 날 있을 걸세
그래야지 그래야지
좀 더 좋고 좀 더 좋다

얼씨구야 절씨구야
좀 더 좋고 좀 더 좋다
얼씨구야 절씨구야
좀 더 좋고 좀 더 좋다

아리랑 아리랑 아라리요
아리랑 고개를 넘어간다

 마음

1.
시작도 없는 마음
끝남도 없는 마음

온통으로 드러나
언제나 같이 있어

어떤 것도 가릴 수
전혀 없는 그 마음

고고하고 당당한
영원한 마음일세

아리랑 아리랑 아라리요
아리랑 고개를 넘어간다
청천 하늘에 잔별도 많고
요내 가슴에는 희망도 많다

2.
모두를 마음으로
시도를 뭐든 해봐

안되는 일 없어서
사는 데 불편없고

하고프면 하면 돼
뜻 펼치는 삶이니

즐겁고도 즐거운
누리는 삶이로세

아리랑 아리랑 아라리요
아리랑 고개를 넘어간다
청천 하늘에 잔별도 많고
요내 가슴에는 희망도 많다

사는게 아리랑 고개

1.
이 마음이 내가 되니
나고 죽음 본래 없고
이리 보고 저리 봐도
허공까지 내 몸일세
신기하고 신기하다
신기하고 신기해

이 마음이 내가 되니
안 되는 일 전혀 없어
잡된 생각 사라지고
두려움도 없어졌네
신기하고 신기하다
신기하고 신기해

이 마음이 내가 되니
끝이 없이 자유롭고
잠 못 이룬 괴로움과
공황장애 흔적 없네
신기하고 신기하다
신기하고 신기해

아리랑 아리랑
아라리요
아리랑 고개를 넘어왔다

2.
이 마음이 내가 되니
맘 먹은 일 순조롭고
살아가는 나날들이
마음광명 누림일세
신기하고 신기하다
신기하고 신기해

이 마음이 내가 되니
마음광명 누림이라
나날들이 평화롭고
자신감이 넘쳐나네
신기하고 신기하다
신기하고 신기해

이 마음이 내가 되니
대인관계 순조로와
일일마다 즐거웁고
웃음꽃이 피어나네
신기하고 신기하다
신기하고 신기해

아리랑 아리랑
아라리요
아리랑 고개를 넘어왔다

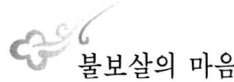 **불보살의 마음**

1.
자비, 그 자비는 눈물이었네
불나방이 불을 쫓듯 가는 이
그래도 못 잊어서 버리지 못해
저리는 저리는 가슴, 그 가슴 안고서
눈물, 피눈물로 저리 부르네

2.
자비, 그 자비는 눈물이었네
제 살 길을 저버리는 이들을
그래도 못 잊어서 버리지 못해
저리는 저리는 가슴, 그 가슴 안고서
눈물, 피눈물로 저리 부르네

 **나의 노래**

1.
노세 노세 봄놀이하세
대천세계 이 봄 경치
한산 습득 친구 삼아
호연지기 즐겨볼까
얼씨구나 절씨구
아니나 즐기고 무엇하리

2.
노세 노세 봄놀이하세
걸음 쫓아 이른 곳곳
문수 보현 벗을 삼아
화엄광장 춤춰볼까
얼씨구나 절씨구
아니나 즐기고 무엇하리

평화로운 삶

1.
이 몸을 나로 아는
하나의 실수로서
우주가 생긴 이래

얼마나 많은 고통
겪어들 왔었던가
치떨린 일이로세

뭘 해야 그 반복을
금생에 끊어버려
그 고통 벗어날까

생각코 생각하니
그 해결 내게 있네
마음이 나 된걸세

아리랑 아리랑 아라리요
아리랑 고개를 넘어간다
청천 하늘엔 잔별도 많고
이내 가슴엔 희망도 많다

2.
마음이 내가 되면
그 어떤 것이라도
더 이상 필요찮고

마음이 내가 되면
미묘한 갖은 공덕
스스로 갖춰 있고

마음이 내가 되면
그 모든 근심 걱정
씻은 듯 사라지고

마음이 내가 되면
이 생과 저 세상이
당초에 없는 걸세

아리랑 아리랑 아라리요
아리랑 고개를 넘어간다
청천 하늘엔 잔별도 많고
이내 가슴엔 희망도 많다

3.
마음이 내가 되면
어제와 내일 일을
눈 앞 일 알 듯하고

마음이 내가 되면
신분이 관계 없이
서로가 평등하며

마음이 내가 되면
모든 일 뜻을 따라
원만히 이뤄지고

마음이 내가 되면
걸림이 없는 그 삶
저절로 이뤄지네

아리랑 아리랑 아라리요
아리랑 고개를 넘어간다
청천 하늘엔 잔별도 많고
이내 가슴엔 희망도 많다

 지장보살

지장보살 두 눈의 흐르는 눈물
마르실 날 언제일까 생각하고 또 생각해도
이 세상의 사람들이 멀어지게만 하고 있네요
보살님 어찌해야 하오리까
반야의 실천으로 최선 다해 돕는다면
안 되는 일 있으리까
대원본존 지장보살 나무 지장보살
얼씨구나 절씨구나 한 판 놀음 덩실덩실 살아들 보세

 곰탱이

곰탱이 곰탱이 미련 곰탱이
세상 사람 요구 따라 다 들어준
사람더러 곰탱이라네
요구 따라 따지지 않고
들어주기 바쁜 이를 놀려대며 하는 말
곰탱이 곰탱이 미련 곰탱아
그리 살다간 끝내는 빌어먹을 쪽박마저
없겠구나 미련 곰탱아
그래도 덩실덩실 추는 춤을
보며 깔깔 웃는 사람들아
웃는 자신 모르니 서글퍼 내 하는 말
한 판의 꿈속이라 천금만금 쓸데없네
깔깔 웃는 그 실체를 자신 삼아 사는 삶이 되길
바라고 바라는 곰탱이 춤이로세

도서출판 문젠(Moonzen Press)의 책들

출간 도서

바로보인 전등록 전 5권
바로보인 무문관
바로보인 벽암록
바로보인 천부경 · 교화경 · 치화경
바로보인 금강경
세월을 북채로 세상을 북삼아
영원한 현실
바로보인 신심명
바로보인 환단고기 전 5권
바로보인 선문염송 전 30권
앞뜰에 국화꽃 곱고 북산에 첫눈 희다
바로보인 증도가
바로보인 반야심경
선을 묻는 그대에게 1 · 2
바로보인 선가귀감
바로보인 법융선사 심명
주머니 속의 심경
바로보인 법성게
달다 -전강 대선사 법어집
기우목동가
초발심자경문
방거사어록
실증설

하택신회대사 현종기
불조정맥 - 한 · 영 · 중 3개국어판
바른 불자가 됩시다
누구나 궁금한 33가지
108진참회문 - 한 · 영 · 중 3개국어판
달마의 일할도 허락지 않는다
마음대로 앉아 죽고 서서 죽고
화두 3개국어판 - 한 · 영 · 중
바로보인 간당론
완전한 우리말 불공예식법
바로보인 유마경
실증설 5개국어판 - 한 · 영 · 불 · 서 · 중
누구나 궁금한 33가지 3개국어판
 - 한 · 영 · 중
달마의 일할도 허락지 않는다
3개국어판 - 한 · 영 · 중
법성게 3개국어판 - 한 · 영 · 중
정법의 원류
바로보인 도가귀감
바로보인 유가귀감
화엄경 81권
바로보인 전등록 전 30권

출간예정 도서

바로보인 능엄경 제6권
바로보인 원각경
바로보인 육조단경
바로보인 대전화상주 심경
바로보인 위앙록
해동전등록 전 10권
말 밖의 말
언어의 향기
농선 대원 선사 선송집

진리와 과학의 만남
바로보인 5대 종교
금강경 야부송과 대원선사 토끼뿔
선재동자 참알 오십삼선지식
경봉선사 혜암선사 법을 들어 설하다
십현담 주해
불교대전
태고보우선사 어록

1. 바로보인 전등록 (전30권을 5권으로)
7불과 역대 조사의 말씀이 1,700공안으로 집대성되어 있는 선종 최고의 고전으로, 깨달음의 정수가 살아 숨쉬도록 새롭게 번역되었다.
464, 464, 472, 448, 432쪽.
각권 18,000원

2. 바로보인 무문관
황룡 무문 혜개 선사가 저술한 공안집으로 전등록, 선문염송, 벽암록 등과 함께 손꼽히는 선문의 명저이다. 본칙 48개와 무문 선사의 평창과 송, 여기에 역저자인 대원선사의 도움말과 시송으로 생명과 같은 선문의 진수를 맛보여 주고 있다.
272쪽. 12,000원

3. 바로보인 벽암록
설두 선사의 설두송고를 원오 극근 선사가 수행자에게 제창한 것이 벽암록이다.
이 책은 본칙과 설두 선사의 송, 대원선사의 도움말과 시송으로 이루어져, 벽암록을 오늘에 맞게 바로 보이고 있다.
456쪽. 15,000원

4. 바로보인 천부경
우리 민족 최고(最古)의 경전 천부경을 깨달음의 책으로 새롭게 바로 보였다. 이 책에는 81권의 화엄경을 81자에 함축한 듯한 천부경과, 교화경, 치화경의 내용이 함께 담겨 있으며, 역저자인 대원선사가 도움말, 토끼뿔, 거북털 등으로 손쉽게 닦아 증득하는 문을 열어 놓고 있다.
432쪽. 15,000원

5. 바로보인 금강경

대원선사의 『바로보인 금강경』은 국내 최초로 독창적인 과목을 내어 부처님과 수보리 존자의 대화 이면의 숨은 뜻을 드러내고, 자문과 시송으로 본문의 핵심을 꿰뚫어 밝혀, 금강경 전체를 손바닥 안의 겨자씨를 보듯 설파하고 있다.
488쪽. 15,000원

6. 세월을 북채로 세상을 북삼아

대원선사의 선시가 담긴 선시화집 『세월을 북채로 세상을 북삼아』는 선과 시와 그림이 정상에서 만나 어우러진 한바탕이다.
선의 세계를 누리는 불가사의한 일상의 노래, 법열의 환희로 취한 어깨춤과 같은 선시가 생생하고 눈부시게 내면의 소리로 흐른다.
180쪽. 15,000원

7. 영원한 현실

애매모호한 구석이 없이 밝고 명쾌하여, 너무도 분명함에 오히려 그 깊이를 헤아리기 어려운, 대원선사의 주옥같은 법문을 모아 놓은 법문집이다.
400쪽. 15,000원

8. 바로보인 신심명

신심명은 양끝을 들어 양끝을 쓸어버리는, 40대치법으로 이루어진, 3조 승찬 대사의 게송이다. 이를 대원선사가 바로 번역하는 것은 물론, 주해, 게송, 법문을 더해 통쾌하게 회통하고 자유자재 농한 것이 이 『바로보인 신심명』이다.
296쪽. 10,000원

9. 바로보인 환단고기 (전5권)

『바로보인 환단고기』1권은 민족정신의 정수인 환단고기의 진리를 총정리하여 출간하였다. 2권에는 역사총론과 태초에서 배달국까지 역사가 실려 있으며, 3권은 단군조선, 4권은 북부여에서부터 고려까지의 역사가 실려 있다. 5권에는 역사를 증명하는 부록과 함께 환단고기 원문을 실었다. 344·368·264·352·344쪽. 각권 12,000원

10. 바로보인 선문염송 (전30권)

선문염송은 세계최대의 공안집이다. 전 공안을 망라하다시피 했기에 불조의 법 쓰는 바를 손바닥 들여다보듯 하지 않고는 제대로 번역할 수 없다. 대원선사는 전 공안을 바로 참구할 수 있게끔 번역하고 각 칙마다 일러보였다. 352 368 344 352 360 360 400 440 376 392 384 428 410 380 368 434 400 404 406 440 424 460 472 456 504 528 488 488 480 512쪽. 각권 15,000원

11. 앞뜰에 국화꽃 곱고 북산에 첫눈 희다

대원선사의 선문답집으로 전강·경봉·숭산·묵산 선사와의 명쾌한 문답을 실었으며, 중앙일보의 〈한국불교의 큰스님 선문답〉열 분의 기사와 기자의 질문에 대한 대원선사의 별답을 함께 실었다.
200쪽. 5,000원

12. 바로보인 증도가

선종사에 사라지지 않을 발자취로 남은 영가 선사의 증도가를 대원선사가 번역하고 법문과 송을 더하였다.
자비의 방편인 증도가의 말씀을 하나하나 쳐가는 선사의 일갈이야말로 영가 선사의 본 의중과 일치하여 부합하는 것이라 아니할 수 없다.
376쪽. 10,000원

13. 바로보인 반야심경

이 시대의 야부(冶父)선사, 대원선사가 최초로 반야심경에 과목을 붙여 반야심경 내면에 흐르는 뜻을 밀밀하게 밝혀놓고 거침없는 송으로 들어보였다.
264쪽. 10,000원

14. 선(禪)을 묻는 그대에게 (전10권 중 2권)

대원선사의 선수행에 대한 문답집.
깨달아 사무친 경지에 대한 밀밀한 점검과, 오후보림에 대한 구체적인 수행법 제시와, 최초의 무명과 우주생성의 원리까지 낱낱이 설한 법문이 담겨 있다.
280쪽, 272쪽. 각권 15,000원

15. 바로보인 선가귀감

선가귀감은 깨닫고 닦아가는 비법이 고스란히 전수되어 있는 선가의 거울이라 할 만하다. 더욱이 바로보인 선가귀감은 매 소절마다 대원선사의 시송이 화살을 과녁에 적중시키듯 역대 조사와 서산대사의 의중을 꿰뚫어 보석처럼 빛나고 있다.
352쪽. 15,000원

16. 바로보인 법융선사 심명

심명 99절의 한 소절, 한 소절이 이름 그대로 마음에 새겨두어야 할 자비광명들이다.
이 심명은 언어와 문자이면서 언어와 문자를 초월한 일상을 영위하게 하는 주옥같은 법문이다.
278쪽. 12,000원

17. 주머니 속의 심경

반야심경은 부처님이 설하신 경 중에서도 절제된 경으로 으뜸가는 경이다. 대원선사의 선송(禪頌)도 그 뜻을 따라 간략하나 선의 풍미를 한껏 담고 있다. 하루에 한 소절씩을 읽고 참구한다면 선 수행의 지름길이 될 것이다.
84쪽. 5,000원

18. 바로보인 법성게

법성게는 한마디로 화엄경의 핵심부를 온통 훤출히 드러내놓은 게송이다. 짧은 글 속에 일체의 법을 이렇게 통렬하게 담아놓은 법문도 드물 것이다.
이렇게 함축된 법성게 법문을 대원선사가 속속들이 밀밀하게 설해놓았다.
176쪽. 10,000원

19. 달다 - 전강 대선사 법어집

이제는 전설이 된 한국 근대선의 거목인 전강 선사님의 최상승법과 예리한 지혜, 선기로 넘쳤던 삶이 생생하게 담겨 있는 전강 대선사 법어집〈달다〉!
전강 대선사님의 인가 제자인 대원선사가 전강 대선사님의 법거량과 법문, 일화를 재조명하여 보였다.
368쪽. 15,000원

20. 기우목동가

그 뜻이 심오하여 번역하기 어려웠던 말계 지은 선사의 기우목동가!
대원선사가 바른 뜻이 드러나도록 번역하고, 간결한 결문과 주옥같은 선송으로 다시 보였다.
146쪽. 10,000원

21. 초발심자경문

이 초발심자경문은 한문을 새기는 힘인 문리를 터득하게 하기 위하여 일부러 의역하지 않고 직역하였다. 대원선사의 살아있는 수행지침도 실려 있다.
266쪽. 10,000원

22. 방거사어록

방거사어록은 선의 일상, 선의 누림을 보여주는 대표적인 선문이다. 역저자인 대원선사는 방거사어록의 문답을 '본연의 바탕에서 꽃피우는 일상의 함'이라 말하고 있다. 법의 흔적마저 없는 문답의 경지를 온전하게 드러내 놓은 번역과, 방거사와 호흡을 함께 하는 듯한 '토끼뿔'이 실려 있다.
306쪽. 15,000원

23. 실증설

이 책은 대원선사가 2010년 2월 14일 구정을 맞이하여 불자들에게 불법의 참뜻을 보이기 위해 홀연히 펜을 들어 일시에 써내려간 법문을 모태로 하였다. 실증한 이가 아니고는 설파할 수 없는 성품의 이치를 자문자답과 사제간의 문답을 통해 1, 2, 3부로 나눠 실증하여 보이고 있다.
224쪽. 10,000원

24. 하택신회대사 현종기

육조대사의 법이 중국천하에 우뚝하도록 한 장본인, 하택신회대사의 현종기. 세간에 지해종도(知解宗徒)로 알려져 있는 편견을 불식시키는 뛰어난 깨달음의 경지가 여기에 담겨있다. 대원선사가 하택신회대사의 실경지를 드러내고 바로보임으로써 빛냈다.
232쪽. 10,000원

25. 불조정맥 - 韓·英·中 3개국어판

석가모니불로부터 현 78대에 이르기까지 불조정맥진영(佛祖正脈眞影)과 정맥전법게(正脈傳法偈)를 온전하게 갖춘 최초의 불조정맥서. 대원선사가 다년간 수집, 정리하여 기도와 관조 끝에 완성한 『불조정맥』을 3개 국어로 완역하였다.
216쪽. 20,000원

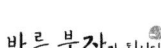

26. 바른 불자가 됩시다

참된 발심을 하여 바른 신앙, 바른 수행을 하고자 해도, 그 기준을 알지 못해 방황하는 불자님들을 위해 불법의 바른 길잡이 역할을 하도록 대원선사가 집필하여 출간하였다.
162쪽. 10,000원

27. 누구나 궁금한 33가지

21세기의 인류를 위해 모든 이들이 가장 어렵고 궁금해 하는 문제, 삶과 죽음, 종교와 진리에 대한 바른 지표를 제시하고자 대원선사가 집필하여 출간하였다.
180쪽. 10,000원

28. 108진참회문 - 韓·英·中 3개국어판

전생의 모든 악연들이 사라져 장애가 없어지고, 소망하는 삶을 살게 하기 위해 대원선사가 10계를 위주로 구성한 108 항목의 참회문이다. 한 대목마다 1배를 하여 108배를 실천할 것을 권한다.
170쪽. 15,000원

29. 달마의 일할도 허락지 않는다

대원선사의 짧고 명쾌한 법문집.
책을 잡는 순간 달마의 일할도 허락지 않는 선기와 맞닥뜨리게 될 것이다. 때로는 하늘을 찌를 듯한 기세와, 때로는 흔적 없는 공기와도 같은 향기를 일별하기를…
190쪽. 10,000원

30. 마음대로 앉아 죽고 서서 죽고

생사를 자재한 분들의 앉아서 열반하고 서서 열반한 내력은 물론 그분들의 생애와 법까지 일목요연하게 수록해놓았다.
446쪽. 15,000원

31. 화두 3개국어판 – 韓·英·中

『화두』는 대원선사의 평생 선문답의 결정판이다. 생생하게 살아있는 선(禪)을 한·영·중 3개국어로 만날 수 있다. 특히 대원선사의 짧은 일대기가 실려 있어 그 선풍을 음미하는 데에 큰 도움을 주고 있다.
440쪽. 15,000원

32. 바로보인 간당론

법문하는 이가 법리를 모르고 주장자를 치는 것을 눈먼 주장자라 한다. 법좌에 올라 주장자 쓰는 이들을 위해서 대원선사가 간당론에서 선리(禪理)만을 취하여 『바로보인 간당론』을 출간하였다.
218쪽. 20,000원

33. 완전한 우리말 불공예식법

부처님께 공양을 올리고 불보살님의 가피를 구하는 예법 등을 총칭하여 불공예식법이라 한다. 대원선사가 이러한 불공예식의 본뜻을 살려서 완전한 우리말본 불공예식법을 출간하였다.
456쪽. 38,000원

34. 바로보인 유마경

유마경은 불법의 최정점을 찍는 경전이라 할 것이니, 불보살님이 교화하는 경지에서의 깨달음의 실경과 신통자재한 방편행을 보여주는 최상승 경전이다. 대원선사가 〈대원선사 토끼뿔〉로 이 유마경에 걸맞는 최상승법을 이 시대에 다시금 드날렸다.
568쪽. 20,000원

35. 실증설
5개국어판 - 韓・英・佛・西・中

대원선사가 불법의 참뜻을 보이기 위해 홀연히 펜을 들어 일시에 써내려간 실증설! 실증한 이가 아니고는 설파할 수 없는 도리로 가득한 이 책이 드디어 영어, 불어, 스페인어, 중국어를 더하여 5개국어로 편찬되었다.
860쪽. 25,000원

36. 누구나 궁금한 33가지
3개국어판 - 韓・英・中

누구라도 풀어야 할 숙제인 33가지의 의문에 대한 답을 21세기의 현대인에게 맞는 비유와 언어로 되살린 『누구나 궁금한 33가지』가 한글, 영어, 중국어 3개국어로 출간되었다.
408쪽. 15,000원

37. 달마의 일할도 허락지 않는다
3개국어판 - 韓・英・中

대원선사의 짧고 명쾌한 법문집인『달마의 일할도 허락지 않는다』가 한글, 영어, 중국어 3개국어로 출간되었다. 전세계에서 유일하게 활선의 가풍이 이어지고 있는 한국, 그 가운데에서도 불조의 정맥을 이은 대원선사가 살활자재한 법문을 세계로 전하고 있는 책이다.
308쪽. 15,000원

38. 화엄경 (전81권)

대원선사는 선문염송 30권, 전등록 30권을 모두 역해하여 세계 최초로 1,463칙 전 공안에 착어하였다. 이러한 안목으로 대천세계를 손바닥의 겨자씨 들여다보듯 하신 불보살님들의 지혜와 신통으로 누리는 불가사의한 화엄세계를 열어 보였다.
220쪽. 각권 15,000원

39. 법성게 3개국어판 - 韓・英・中

법성게는 한마디로 화엄경의 핵심부를 훤출히 드러내 놓은 게송으로 짧은 글 속에 일체 법을 고스란히 담아 놓았다. 대원선사의 통쾌한 법성게 법문이 한영중 3개국어로 출간되었다.
376쪽. 15,000원

40. 정법의 원류

『정법의 원류』는 불조정맥을 이은 정맥선원의 소개서이다. 정맥선원은 불조정맥 제77조 조계종 전강 대선사의 인가 제자인 대원 전법선사가 주재하는 도량이다.『정법의 원류』를 통해 정맥선원 대원선사의 정맥을 이은 법과 지도방편을 만날 수 있다.
444쪽. 20,000원

41. 바로보인 도가귀감

도가귀감은, 온통인 마음〔一物〕을 밝혀 회복함으로써, 생사를 비롯한 모든 아픔과 고를 여의어, 뜻과 같이 누려서 살게 하고자 한 도교의 뜻을, 서산대사가 밝혀놓은 책이다. 대원선사가 부록으로 도덕경의 중대한 대목을 더하고, 그 대목대목마다 결문(決文)하였다.
218쪽. 12,000원

42. 바로보인 유가귀감

유가귀감은 서산대사가 간추려놓은 구절로서, 간결하지만 심오하기 그지없으니, 간략한 구절 속에서 유교사상을 미루어볼 수 있게 하였다. 대원선사가 그 뜻이 잘 드러나게 번역하고 그 대목대목마다 결문(決文)하였다.
236쪽. 15,000원

43. 바로보인 전등록 (전30권)

7불로부터 52세대까지 1,701명 선지식의 깨달음의 진수가 담긴 전등록 30권에 농선 대원 선사가 선리(禪理)의 토끼뿔을 더해 닦아 증득하는데 도움이 되도록 하였다.
288쪽. 각권 15,000원

농선 대원 선사 법문 mp3 주문 판매

* 천부경 : 15,000원
* 신심명 : 30,000원
* 현종기 : 65,000원
* 기우목동가 : 75,000원
* 반야심경 : 1회당 5,000원 (총 32회)
* 선가귀감 : 1회당 5,000원 (총 80회)

* 금강경 : 40,000원
* 법성게 : 10,000원
* 법융선사 심명 : 100,000원

농선 대원 선사 작사 CD 주문 판매

* 가슴으로 부르는 불심의 노래 1,2,3집
  각 : 1만 5천원
* 유튜브에서 채널 구독하시고 무료로 찬불가 앨범을 감상하세요

주문 문의 ☎ 031-534-3373

유튜브에서 채널 구독하시고
무료로 찬불가 앨범을 감상하세요

유튜브에서 MOONZEN을 검색하시거나
아래의 주소로 접속해주세요

http://www.youtube.com/user/officialMOONZEN